ABLATT +++ EXTRABLATT +++ EXTRABLATT +++ EXTRABLATT +++ EXTRABLATT +++ EXTRABLATT +++ EXTRABLATT +++

Unsere Kopiervorlagen: MEHR ALS NUR PAPPE!

STOPP – bitte noch nicht umblättern! Bevor Sie sich in Ihre Unterrichtsvorbereitung stürzen, nehmen Sie sich zwei Minuten Zeit und lesen eine kurze Einführung in die Welt der Papphefter vom Verlag an der Ruhr. Denn nur so haben Sie immer alle Vorteile im Blick:

... man findet sie in jedem Regal – ob zu Hause oder im Lehrerzimmer
... sie sind immer schnell zur Hand
... sie liefern jederzeit Ideen, kompakt, aber vielfältig
... sie passen in jede Lehrertasche
... sie sparen Zeit und schonen die Nerven
... sie sind beliebig zu ergänzen und zu sortieren
... sie schonen die Umwelt
... sie sind kreativ, innovativ und absolut praxisnah!

Bitte beachten: Bücher mit aufgetrenntem oder beschädigtem Siegel gelten als gebraucht und können nicht mehr zurückgegeben werden.
Servicetelefon: 030/89785-235
Bücher dürfen nur von ihrem Erstbesitzer für den eigenen Unterrichtsgebrauch in Klassensatzstärke kopiert werden. Siehe auch Impressum.

Verlag an der Ruhr

W0270381

Seit 2011 mit neuem Verschluss

Seither können Sie Ihre Kopiervorlagen spielend leicht aus dem Papphefter herausnehmen. Dank der raffinierten Konstruktion lässt sich jede Seite schnell entnehmen, ohne weitere Blätter lösen zu müssen.

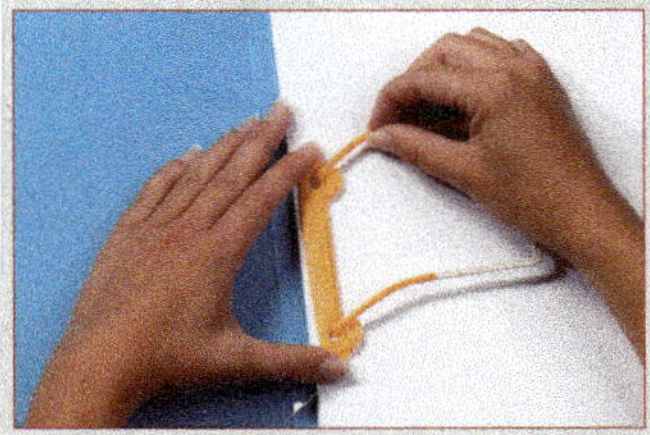
1. LOSMACHEN

2. BLÄTTERN

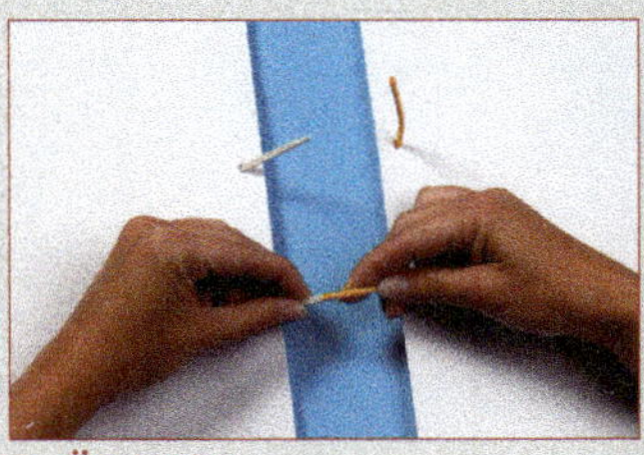
3. ÖFFNEN

4. HERAUSNEHMEN

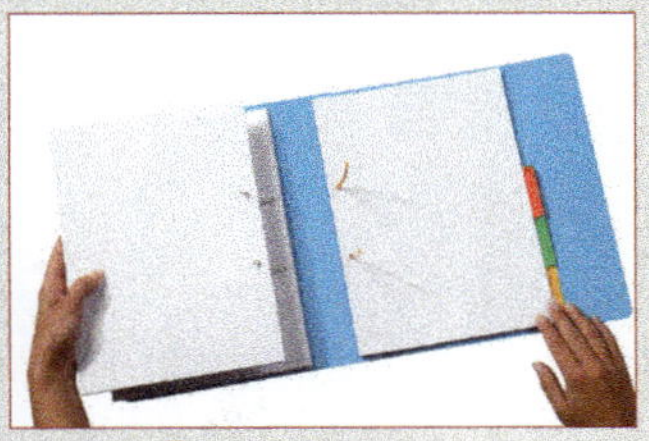
5. EINFÜGEN

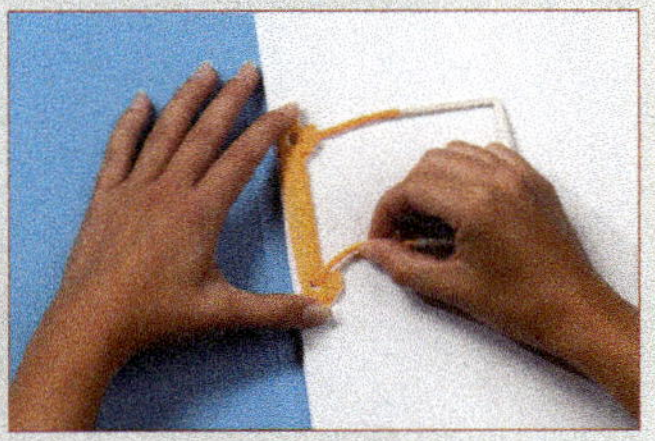
6. SCHLIESSEN

WUSSTEN SIE SCHON ...

... dass statistisch betrachtet jeder 2. Lehrer mind. einen Papphefter besitzt?
... dass sich derzeit über 2.000.000 Papphefter im Umlauf befinden und dass man, wenn man alle Papphefter hintereinander legt, damit zweimal das Ruhrgebiet umkreisen könnte?
... dass unsere Papphefter seit 30 Jahren treue Begleiter des Schulalltags sind – und dabei immer wieder mit neuen Ideen überraschen?
... dass die durchschnittliche Haltbarkeit eines Pappheſters 10 Jahre beträgt?
... dass sich unsere Pappen auch hervorragend als Sitzunterlage beim Grillen, als Tablett oder Untersetzer, Sonnenschutz oder Fächer beim Schulfest sowie als Sichtschutz bei Klassenarbeiten eignen?

KOPIERSCHUTZ

Mit diesem Papphefter erwerben Sie das Recht, die Kopiervorlagen aus dem Inhalt für Ihren eigenen Unterrichtsgebrauch in Klassensatzstärke zu vervielfältigen. Dies schließt die Weitergabe innerhalb des Kollegiums nicht mit ein. Wenn Sie von diesem Papphefter überzeugt sind, freuen wir uns, dass Sie Ihren Kollegen gegenüber eine Empfehlung aussprechen. Bitte geben Sie die Unterlagen nicht zum Kopieren weiter. Schützen Sie das Urheberrecht. Dies ermöglicht uns auch weiterhin, gute Materialien für Sie zu erstellen. Bitte beachten Sie dazu auch unsere Angaben im Impressum oder informieren Sie sich auf **www.schulbuchkopie.de**

Verlag an der Ruhr

Impressum

Titel
K.L.A.R. Literatur-Kartei
„Coming Out – Ich entscheide, wer ich bin!“

Autor
Oliver Hust
mit Beiträgen von Kyra Weider

Umschlagmotiv
© Dragon Images – Shutterstock.com

Layout
Melanie Reich

Druck
Esser printSolutions GmbH, Bretten, DE

Verlag an der Ruhr
Mülheim an der Ruhr
www.verlagruhr.de

Geeignet für die Klassen 7–10

Urheberrechtlicher Hinweis
Das Werk und seine Teile sind urheberrechtlich geschützt. Jede Verwendung in anderen als den gesetzlich zugelassenen Fällen bedarf der vorherigen schriftlichen Einwilligung des Verlages. Im Werk vorhandene Kopiervorlagen dürfen vervielfältigt werden, allerdings nur für Schüler*innen der eigenen Klasse/des eigenen Kurses. Die dazu notwendigen Informationen (Buchtitel, Verlag und Autor) haben wir für Sie als Service bereits mit eingedruckt. Diese Angaben dürfen weder verändert noch entfernt werden. Die Weitergabe von Kopiervorlagen oder Kopien (auch von Ihnen veränderte) an Kolleg*innen, Eltern oder Schüler*innen anderer Klassen/Kurse ist nicht gestattet.
Der Verlag untersagt ausdrücklich das Herstellen von digitalen Kopien, das digitale Speichern und Zurverfügungstellen dieser Materialien in Netzwerken (das gilt auch für Intranets von Schulen und sonstigen Bildungseinrichtungen), per E-Mail, Internet oder sonstigen elektronischen Medien außerhalb der gesetzlichen Grenzen. Kein Verleih. Keine gewerbliche Nutzung. Zuwiderhandlungen werden zivil- und strafrechtlich verfolgt. Näheres zu unseren Lizenzbedingungen können Sie unter www.verlagruhr.de/lizenzbedingungen/ nachlesen.

Bitte beachten Sie zusätzlich die Informationen unter www.schulbuchkopie.de.

Soweit in diesem Produkt Personen fotografisch abgebildet sind und ihnen von der Redaktion fiktive Namen, Berufe, Dialoge u. Ä. zugeordnet oder diese Personen in bestimmte Kontexte gesetzt werden, dienen diese Zuordnungen und Darstellungen ausschließlich der Veranschaulichung und dem besseren Verständnis des Inhalts.
Trotz sorgfältiger inhaltlicher Kontrolle kann keine Haftung für die Inhalte externer Seiten, auf die mittels eines Links verwiesen wird, übernommen werden. Für den Inhalt der verlinkten Seiten sind ausschließlich deren Betreiber*innen verantwortlich.

© Verlag an der Ruhr 2022
ISBN 978-3-8346-4846-4

Das Buch zur Literatur-Kartei:
K.L.A.R. – Taschenbuch
Coming out –
Ich entscheide, wer ich bin!
Kyra Weider
12–16 Jahre, 136 S.,
12 x 19,6 cm, Paperback
ISBN 978-3-8346-4844-0
E-Book
ISBN 978-3-8346-4845-7

Inhaltsverzeichnis

K.
L.
A.
R.

Vorwort

Das Taschenbuch **„Coming Out – Ich entscheide, wer ich bin!“** und diese Literatur-Kartei gehören zu der Reihe K.L.A.R. Diese Reihe wurde speziell für sprach- und leseschwache Schüler*innen* der Klassen 7 bis 10 entwickelt.

Die Buchstaben K.L.A.R. stehen für folgende Merkmale:

K *urz*
- kurze Sätze
- eine insgesamt geringe Textmenge
- häufige Absätze

L *eicht*
- leicht verständliche Sätze
- große Schrift
- viel wörtliche Rede

A *ktuell*
- aktuelle Themen

R *eal*
- praktische Lebenshilfe durch Auseinandersetzung mit Themen aus dem Alltag der Jugendlichen

Sie finden in dieser Literatur-Kartei Arbeitsblätter zu den folgenden drei Themenbereichen:

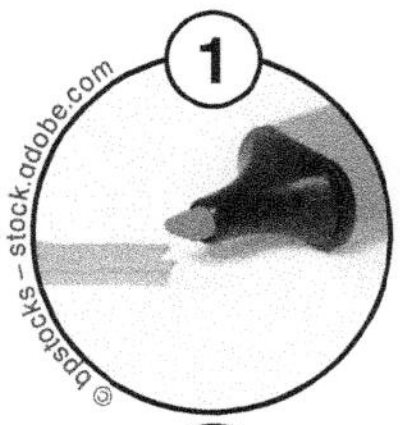

1. Aufgaben zur Überprüfung des Textverständnisses

Ein Schwerpunkt dieser Kartei liegt auf dem sinnentnehmenden Lesen. Anhand von Rätseln, Lückentexten und Fragen zum Inhalt können die Schüler*innen kontrollieren, ob sie die einzelnen Textabschnitte auch wirklich verstanden haben.

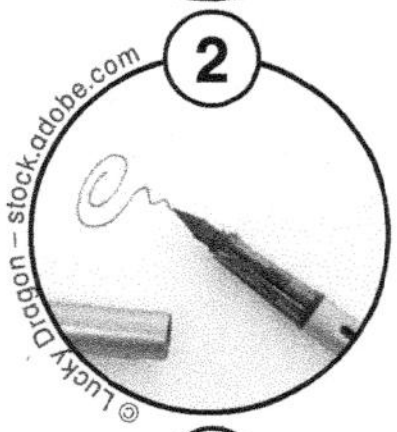

2. Aufgreifende und weiterführende Aufgaben und Aktivitäten

Auf diesen Arbeitsblättern geht es um die Ereignisse und die Personen des Romans. Die Schüler*innen versetzen sich in die Figuren, geben ihnen Ratschläge und überlegen, wie es wohl weitergehen könnte. Außerdem können sie sich über den Roman hinaus mit wichtigen Themen beschäftigen und untereinander persönliche Erfahrungen austauschen.

3. Hintergrundinformationen

Auf diesen Arbeitsblättern bekommen die Schüler*innen jede Menge Infos zu wichtigen Themen des Romans.

Ein weiterer Schwerpunkt dieser Unterrichtsmaterialien ist das Schreiben: Bei vielen Aufgaben werden die Schüler*innen dazu aufgefordert, ihre Notizen, Ideen und Meinungen aufzuschreiben. Aus diesem Grund ist es sinnvoll, dass jede*r Schüler*in sich ein Arbeitsheft zur Lektüre anlegt. Auf dieses sogenannte Lektüre-Arbeitsheft wird in den einzelnen Aufgaben auch immer wieder verwiesen. In diesem Heft können sie alle Aufgaben sammeln, damit sie den Überblick nicht verlieren.

---

* Der Verlag an der Ruhr legt großen Wert auf eine geschlechtergerechte und inklusive Sprache. Daher nutzen wir das Gendersternchen, um sowohl männliche und weibliche als auch nichtbinäre Geschlechtsidentitäten einzuschließen. Alternativ verwenden wir neutrale Formulierungen. In Texten für Schüler*innen finden sich aus didaktischen Gründen neutrale Begriffe bzw. Doppelformen.

K.
L.
A.
R.

Hinweise des Autors

Bei queerer Bildungsarbeit ist es empfehlenswert, die soziale Komponente von der sexuellen Komponente strikt zu trennen. In der Schule erwarten Jugendliche, dass es beim Thema Sex vor allem um biologische Aufklärung geht. Teilbereiche wie sexuelle Orientierungen, Geschlechteridentitäten und allgemeine soziale Aspekte sind für sie noch unbekannt. Ziel der vorliegenden Lektürekartei ist daher eine Behandlung dieser Themen aus der Perspektive des sozialen Miteinanders und nicht aus biologischer Sicht.

Sprechen Sie zu Beginn der Unterrichtsreihe ganz offen an, dass in der Auseinandersetzung mit dem Roman emotionale Themen, wie Liebe, Sexualität und Geschlecht, angesprochen werden. Es fällt Schüler*innen nicht immer leicht, offen vor anderen über ihre Gefühle, Eindrücke und Erfahrungen zu sprechen. Hier könnte die Formulierung von Gesprächsregeln für ein respektvolles Miteinander hilfreich sein. Schaffen Sie, so gut es geht, einen sicheren Raum, in dem ein ehrlicher Austausch ermöglicht wird.

Bedenken Sie die unterschiedlichen Vorkenntnisse und Vorurteile, die die Jugendlichen unter Umständen haben. Es kann sein, dass einzelne Schüler*innen bereits aus ihrem privaten Umfeld nichtheterosexuelle bzw. nichtbinäre Personen kennen. Außerdem werden die meisten schon durch die sozialen Medien (Halb-)Wissen zu queeren Themen erlangt haben. Ein auf diese Weise abgelaufener Meinungsbildungsprozess beruht nicht unbedingt auf einer sachlichen Auseinandersetzung und auch wenn sich manche Schüler*innen mit großer Motivation über sexuelle und geschlechtliche Vielfalt informieren, lohnt es sich, ihre Aussagen und Haltungen noch einmal zu überprüfen. Stellen Sie sicher, dass die Informationen, die Ihnen Ihre Schüler*innen liefern, aus sicherer Quelle stammen.
Ein gutes Nachschlagewerk, das nicht nur die Inhalte dieser Literaturkartei abdeckt, ist unter *www.queer-lexikon.net* zu finden. Dort gibt es auch ein nützliches Glossar mit den wichtigsten queeren Begriffen.

Die verschiedenen Perspektiven, die die Schüler*innen in Diskussionen einnehmen, können zudem sehr gegensätzlich sein. Rechnen Sie also mit außerplanmäßigem Redebedarf und planen Sie ausreichend Zeit ein; auch um, wenn nötig, auftretende Konflikte zu klären.

Es ist nicht auszuschließen, dass Schüler*innen mit persönlichen Anliegen an Sie herantreten. Möglicherweise sind die Jugendlichen unsicher mit der eigenen Identität und stehen ebenfalls noch vor der Entscheidung, ob und wie sie sich outen möchten. Hier kann es hilfreich sein, an externe Beratungsstellen zu verweisen. Eine gute erste Anlaufstelle ist z. B. die Internetseite *www.meincomingout.de*, die von der deutschen Aidshilfe e. V. betrieben wird. Unter *www.meincomingout.de/vor-ort/* gibt es zudem eine interaktive Karte, auf der lokale Anlaufstellen und Angebote für queere Anliegen zu finden sind.

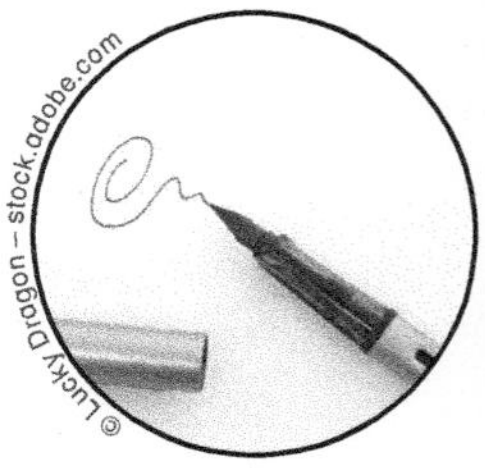

© Lucky Dragon – stock.adobe.com

EINSTIEG

Das Titelbild und der Klappentext

Sieh dir das Buch, bevor du mit der Lektüre beginnst, einmal genauer an. Das Titelbild und der Text auf der Rückseite können dir schon viel über den Inhalt des Romans verraten …

1. **Beschreibe das Titelbild des Romans. Was siehst du darauf?**

2. **Der Untertitel des Buches lautet „Ich entscheide, wer ich bin!“. Notiere, warum es wichtig ist, selbst zu entscheiden, wer man ist.**

3. **Lies den Text auf der Buchrückseite. Wessen Geschichte erzählt das Buch? Nenne den Namen der Personen und weitere Dinge, die du über sie erfährst.**

4. **Was wird in dem Buch passieren? Formuliere drei Erwartungen in deinem Lektüre-Arbeitsheft oder auf einem Blatt.**

   Ich glaube, dass in dem Roman „Coming Out – Ich entscheide, wer ich bin!“ von Kyra Weider … passieren wird. Außerdem denke ich, dass …

Abb.: © Dragon Images (Foto Cover) – Shutterstock.com
© Verlag an der Ruhr | Autor: Oliver Hust | www.verlagruhr.de

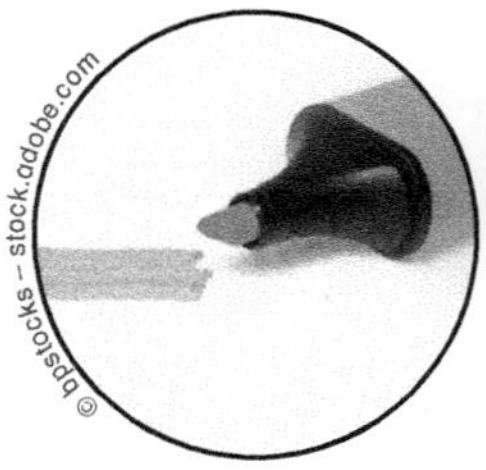

Das Zeilenlineal

Wenn du mit deinen Mitschülerinnen und Mitschülern über Ereignisse aus dem Buch sprechen willst, ist es hilfreich, auf einzelne Textstellen zu verweisen. Dazu benötigst du aber nicht nur die Seitenzahl, sondern auch die Zeilenangabe. Da dieses Buch selbst keine Zeilenangaben hat, findest du hier eine Bastelvorlage. Das Zeilenlineal wird dir dabei helfen, ganz schnell die richtige Zeile auf einer Buchseite zu finden. Außerdem kannst du es als Lesezeichen nutzen.

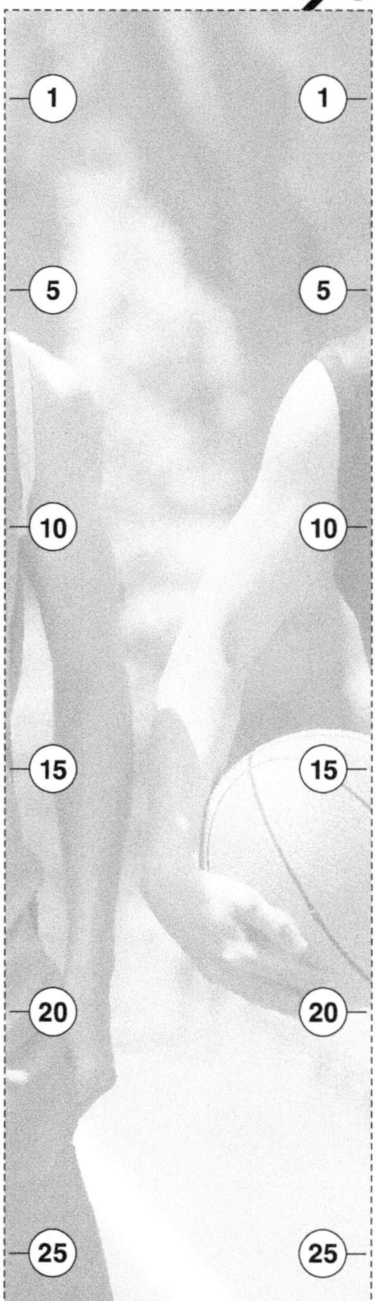

© Dragon Images – Shutterstock.com

1. **Schneide die Vorlage aus und klebe sie auf ein festes Stück Pappe. Schneide die überstehende Pappe sorgfältig ab.**

2. **Suche die folgenden Wörter und Sätze in Kapitel 1 des Romans. Notiere die dazugehörige Seiten- und Zeilenzahl. Bei einer längeren Textstelle über mehrere Zeilen schreibst du z. B.:**
   Seite 5, Zeile 12–14.

   a) *„Basketballtraining“*

   Seite: .... Zeilenangabe: ....

   b) *„Ich schrecke zusammen“*

   Seite: .... Zeilenangabe: ....

   c) *„Ich möchte noch etwas mit euch besprechen.“*

   Seite: .... Zeilenangabe: ....

   d) *„die letzte Klassenarbeit in Mathe“*

   Seite: .... Zeilenangabe: ....

   e) *„Nach ein paar Sekunden“*

   Seite: .... Zeilenangabe: ....

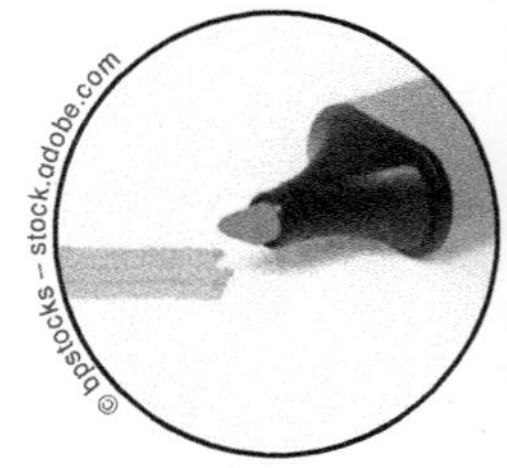
© bpstocks – stock.adobe.com

Samuel – Die Hauptfigur

1. Lies die ersten beiden Kapitel noch einmal sorgfältig.

2. Notiere stichpunktartig, was du über Samuel erfährst.

....

....

....

3. Kreuze an, was und wen Samuel mag ☺, was und wer ihm egal ist 😐 und was und wen er nicht mag ☹.
Wenn du es noch nicht einschätzen kannst, kreuze das Fragezeichen an.
Ein Beispiel ist dir bereits vorgegeben.

	☺	😐	☹	?
Zeit in der Schule verbringen			**X**	
Basketballtraining				
Herr Lohmann (Mathelehrer)				
Die anderen in der Klasse				
Mathematik				
Dilan				
Jonas				
Computer spielen				
Die anderen im Basketballteam				

4. Welchen Eindruck hast du von Samuel gewonnen?

a) Diskutiere deine Meinung mit den anderen in deiner Klasse.

b) Begründe schriftlich in ganzen Sätzen, ob du Samuel gerne als deinen Freund hättest oder nicht.

....

....

....

....

....

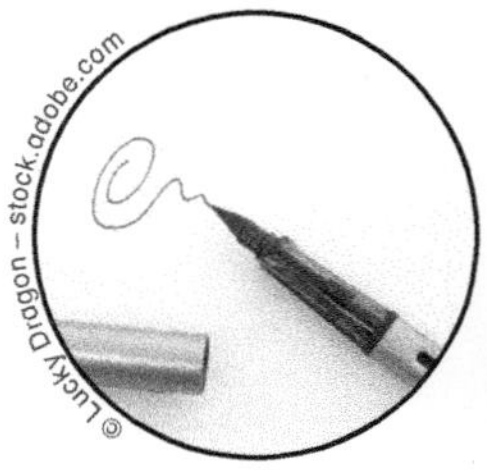
© Lucky Dragon – stock.adobe.com

Sind wir alle gleich?

S. 6, Z. 8–10

„Jonas, die Welt besteht nicht aus guten und schlechten Menschen. Sondern nur aus mittelmäßigen."

1. Lies das Zitat aus dem Roman oben.

a) Überlege, was du von Herrn Lohmanns Aussage hältst.

b) Tauscht euch zu zweit über eure Meinungen aus.

2. Vergleicht eure Meinungen mittels Stimmungsbarometer. Bei dieser Übung nimmst du eine bestimmte Position im Raum ein, um deine Meinung auszudrücken.

a) Entscheide, ob du Herrn Lohmann eher zustimmen würdest oder ob du anderer Meinung bist als er.

b) Nimm auf das Zeichen der Lehrkraft hin die Position im Raum ein, die deiner Meinung entspricht. Gehe dabei wie folgt vor:

- Stelle dich, wenn du Herrn Lohmann *zustimmst*, an die *Fensterseite* des Klassenraums.
- Solltest du einer *anderen Meinung* sein, stelle dich an die *gegenüberliegende Seite*.
- Bist du dir *unsicher*, stelle dich in die *Mitte des Raums*.

TIPP
Passe deine Position an, wenn sich deine Meinung während der Diskussion ändert!

3. Diskutiert eure Gedanken zu den folgenden Aufgaben gemeinsam in der Klasse.

a) Begründe, warum du diese Position im Raum eingenommen hast.

b) Erkläre, was Herr Lohmann wohl mit dem Wort „gleich" meint.

c) Erläutere, was deiner Meinung nach „gute" bzw. „schlechte" Menschen ausmacht.

d) Diskutiere mit den anderen, ob es sinnvoll ist, Menschen in „gut" und „schlecht" zu unterscheiden.

4. Erläutere deine abschließende Meinung zu Herrn Lohmanns Aussage schriftlich in deinem Lektüre-Arbeitsheft oder auf einem Blatt. Begründe in 5–10 Sätzen.

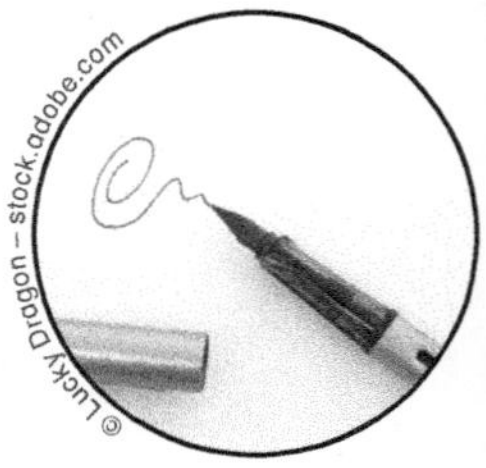

Beschimpfung und Verunglimpfung

S. 10, Z. 5–14

„Oh nee, was 'ne Drecksschwuchtel! […]“, ruft Leon. Ich sehe, dass Leon seine Spielfigur erst lachen und dann mit den Armen wie ein gackerndes Huhn wedeln lässt. Das machen wir immer, wenn uns im Spiel etwas Lustiges passiert. Und irgendwie ist es das erste Mal, dass ich überhaupt nicht darüber lachen kann.

1. Lies das Zitat aus dem Roman oben.

a) Fasse die Situation in eigenen Worten zusammen.

b) Stelle Vermutungen an, warum Samuel Leons Aussage nicht witzig findet.

c) Erkläre, was Leon mit seiner Aussage eigentlich ausdrücken möchte. Lies dazu, wenn nötig, noch mal Seite 13 des Romans.

2. Bearbeite entweder a) oder b).

a) Stell dir vor, du bist Samuel. Leon hat gerade deinen Mathelehrer, den du eigentlich magst, mit einem gemeinen Schimpfwort beleidigt. Wie erklärst du Leon, das seine Aussage nicht in Ordnung ist? Formuliere eine passende Antwort.

b) Stell dir vor, du bist Leon. Dein Freund Samuel hat dir gerade von seinem Mathelehrer erzählt, der ihn mit Extra-Aufgaben nervt. Wie reagierst du, um Samuel aufzumuntern, aber gleichzeitig den Lehrer nicht zu beleidigen? Formuliere eine passende Antwort.

....

....

....

....

....

Abb.: © Polina Tomtosova – Shutterstock.com
© Verlag an der Ruhr | Autor: Oliver Hust | www.verlagruhr.de

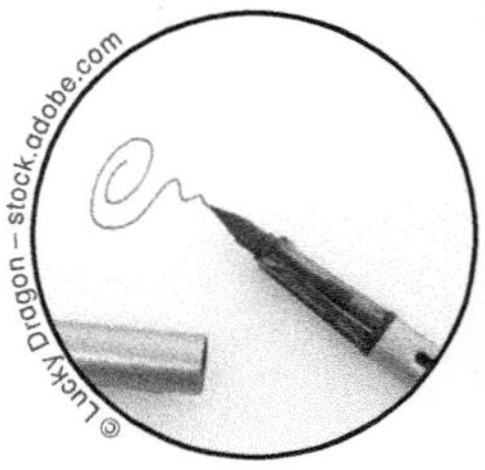
© Lucky Dragon – stock.adobe.com

Beschimpfung und Verunglimpfung

3. Es gibt verschiedene Arten von Schimpfwörtern.

a) Lies den folgenden Merkkasten. Klärt Verständnisfragen gemeinsam.

MERKE Verunglimpfende Schimpfwörter
Es gibt viele Wörter, die als Beschimpfungen benutzt werden, aber eigentlich etwas anderes bedeuten, wie z. B. „schwul" oder „behindert". Wörtlich werden hier Eigenschaften benannt, als Schimpfwort hingegen werden diese Worte gleichbedeutend mit „unfair" oder „nervig" verwendet. Dadurch werden Personen, die tatsächlich schwul oder behindert sind, verunglimpft.
Die negative Bedeutung der Schimpfwörter wird ihnen zugeschrieben, obwohl es keinen Zusammenhang gibt.

b) Sammelt gemeinsam an der Tafel Schimpfwörter, die ihr schon mal benutzt habt.

c) Hinterfragt die wahre Bedeutung dieser Schimpfwörter. Unterstreicht die Wörter, die eine bestimmte Personengruppe schlecht darstellen.

d) Übernimm drei der unterstrichenen Wörter in die Tabelle unten und notiere ihre wahre, wörtliche Bedeutung. Sammle in der rechten Spalte stichpunktartig, welche Personen die Beschimpfung verunglimpft.

(Schimpf-)Wort	wörtliche Bedeutung	Verunglimpfung von

4. Diskutiert, welche weiteren Probleme entstehen, wenn solche Wörter als Beschimpfungen verwendet werden.

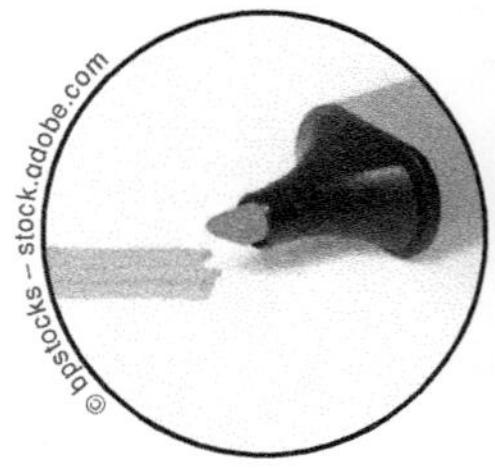
© bpstocks – stock.adobe.com

Samuel und Dilan

1. Lies Kapitel 3 noch einmal aufmerksam. Unterstreiche dabei Textstellen, die dir Hinweise darauf geben, was Samuel von Dilan hält.

2. Verbinde die folgenden Satzteile aus dem Kapitel miteinander.

a) Hoffentlich ist Dilan wieder fit,

b) Auch er kennt meinen Mathelehrer nicht,

c) Soll ich ihm sagen,

d) „Ist es okay für dich,

wenn ich mitlaufe?“

mit ihm macht es immer am meisten Spaß.

weil er ja auf eine andere Schule geht.

dass ich gerade an ihn gedacht habe?

3. Vervollständige die folgenden Sätze. Notiere, auf welcher Seite und in welcher Zeile du die Information im Buch gefunden hast.

a) Samuel und Dilan kennen sich ....

Seite: .... Zeilenangabe: ....

b) Dilan ist anders als die anderen Freunde von Samuel, weil ....

....

Seite: .... Zeilenangabe: ....

c) Die Leute aus seiner eigenen Schulklasse kann Samuel ....

....

Seite: .... Zeilenangabe: ....

d) Samuel macht sich Sorgen wegen ....

....

Seite: .... Zeilenangabe: ....

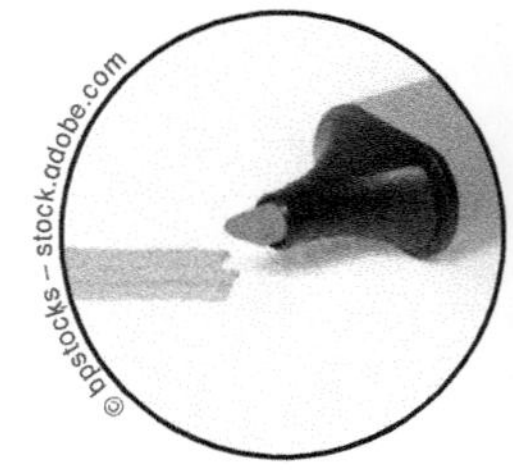
© bpstocks – stock.adobe.com

KAPITEL 4

Ein besonderes Training

1. Lies Kapitel 4 noch einmal. Achte dabei auf die Dialoge zwischen den Figuren und auf Samuels Gedanken über seine Mitmenschen.

2. Beantworte folgende Fragen durch Ankreuzen. Für jede Frage gibt es genau eine richtige Antwort.

a) Warum rutscht Samuel bei seinem Wurf zu Beginn der Ball aus der Hand?

- ☐ Weil er von Dilan gerufen wird und ihn das ablenkt.
- ☐ Weil ihm der Ball von Jonas aus der Hand geschlagen wird.
- ☐ Weil er davon abgelenkt wird, dass Dilan mit einem anderen Spieler aneinandergerät.

b) Womit droht der Trainer Ralf?

- ☐ Dass er Samuel aus dem Team wirft.
- ☐ Dass er Samuel auf der Ersatzbank behält.
- ☐ Dass Samuel als Strafe die Halle wischen muss.

c) Was will Samuel nach dem Training?

- ☐ Er will mit den anderen auf dem Platz draußen weiterspielen.
- ☐ Er will einfach nur nach Hause.
- ☐ Er will mit Dilan reden.

d) Worauf führt Dilan die Äußerungen von Trainer Ralf zurück?

- ☐ Auf Ralfs schlechte Laune.
- ☐ Auf Ralfs Frauenfeindlichkeit.
- ☐ Auf das anstehende Turnier.

e) Was erfährst du über Dilans Äußeres?

- ☐ Dass er weiße Schuhe trägt.
- ☐ Dass er Locken hat.
- ☐ Dass er dunkle Haut hat.

f) Worüber freut sich Samuel besonders?

- ☐ Dass sich Dilan mit ihm im Park treffen möchte.
- ☐ Dass Dilan ihm seine Handynummer gegeben hat.
- ☐ Dass er von Dilan auf eine Party eingeladen wurde.

Abb.: © Chones – Shutterstock.com
© Verlag an der Ruhr | Autor: Oliver Hust | www.verlagruhr.de

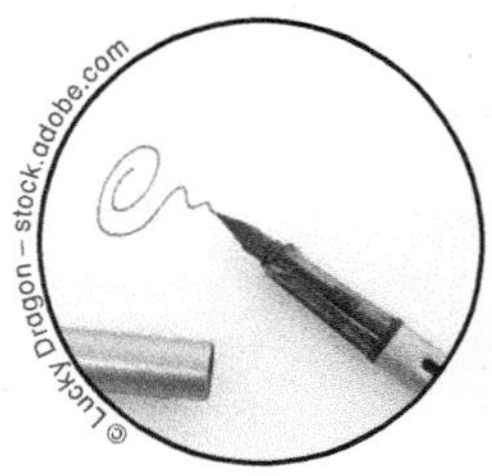
© Lucky Dragon – stock.adobe.com

Die Frauen im Handball

S. 16, Z. 13–15

Wenn ich schlechte Würfe sehen möchte, schaue ich die Handball-WM der Frauen!

1. Bildet Gruppen aus 3 Personen und bearbeitet die folgenden Aufgaben.

a) Was haltet ihr von Ralfs Aussage? Tauscht euch darüber aus.

b) Erklärt in 2–3 Sätzen, warum Ralf das gesagt hat.
Notiert eure Erklärung in eurem Lektürearbeitsheft oder auf einem Blatt.

c) Findet in Kapitel 4 noch andere Stellen, an denen Ralf etwas Ähnliches sagt. Notiert die Seiten- und Zeilenangabe.

2. 2019 spielte die deutsche Frauen-Nationalmannschaft bei der Handball-WM in Japan.

a) Scanne den QR-Code oder rufe den folgenden Link im Internet auf und schau dir das Video vom Spiel zwischen Deutschland und den Niederlanden an. Notiere die Anzahl der Aufrufe auf der Linie unten.

Link: *https://youtu.be/12KTKrXxSCs*
Titel des Videos: „Handball-WM: Deutsche Frauen überraschen gegen Niederlande“
Veröffentlicht vom: ZDF Sportstudio
am: 08.12.2019
Aufrufe: ....

b) Welchen Eindruck hast du vom deutschen Team? Erläutere und begründe deine Meinung in 4–5 Sätzen. Schreibe in dein Lektürearbeitsheft oder auf ein Blatt.

TIPP
Orientiere dich an den Angaben aus Aufgabe 2a.

c) Suche im Internet noch zwei weitere Videos von Frauen-Handball. Notiere für beide Videos den Link, den Titel, wer es veröffentlicht hat, das Veröffentlichungsdatum und die Anzahl der Aufrufe.

d) Suche nun drei Videos von Spielen der Männer-Handballnationalmannschaft. Notiere auch diesmal zu jedem Video die oben genannten Angaben.

e) Vergleiche die Anzahl der Aufrufe der verschiedenen Videos. Erkläre die Unterschiede schriftlich mit 4–5 Sätzen in deinem Lektürearbeitsheft oder auf einem Blatt.

© Kebox – stock.adobe.com

Frauenfeindlichkeit

1. Lies den folgenden Text zu Frauenfeindlichkeit und markiere wichtige Informationen. Klärt die Bedeutung unbekannter Wörter gemeinsam in der Klasse.

Frauenfeindlichkeit ist, wenn eine Frau aufgrund ihres Geschlechts diskriminiert wird. Diese Form der Diskriminierung nennt man auch *Sexismus*. Obwohl das Wort *Sex* darin vorkommt, hat Sexismus nichts damit zu tun, dass Leute miteinander Sex haben. Die Bezeichnung kommt aus dem Englischen. Das englische Wort *sex* bedeutet übersetzt nämlich Geschlecht.
Frauen sind häufiger von Sexismus betroffen als Männer.
In vielen Ländern sind Frauen und Männer nicht gleichberechtigt.
Auch in Deutschland zeigt sich die Ungleichbehandlung in vielen alltäglichen Situationen. In vielen Berufen bekommen Frauen weniger Geld für gleiche Arbeit.[1] Ein Grund, mit dem dies gerechtfertigt wird, ist, dass eine Frau im Laufe ihres Lebens schwanger werden kann und daher längere Zeit ausfallen kann.
Diese Begründung ist sexistisch, da sie Frauen auf ihr Geschlecht reduziert und zudem nicht jede Frau schwanger werden kann oder möchte.
Außerdem gibt es viele Familien, in denen sich die Eltern die Arbeit aufteilen und eine Frau nach der Geburt ihres Kindes schnell wieder in den Beruf einsteigt.
Sowohl im Beruf als auch im privaten Umfeld werden Frauen häufiger Opfer von Gewalt als Männer. Frauen müssen sich unangemessene Kommentare anhören, erfahren häusliche Gewalt, werden ohne ihr Einverständnis angefasst, genötigt und sogar vergewaltigt.
Es gibt viele Personen, Frauen und Männer, die etwas gegen diese ungerechte Behandlung tun wollen. Sie organisieren extra Förderprogramme für Mädchen oder junge Frauen, um ihnen zum Beispiel einen besseren Abschluss an Schulen und Universitäten zu ermöglichen. Außerdem setzen sie sich dafür ein, dass mehr Frauen in Berufen arbeiten können, in denen bisher vor allem Männer vertreten waren.[2]

[1] Vgl.: Statistisches Bundesamt: www.destatis.de/DE/Themen/Arbeit/Arbeitsmarkt/Qualitaet-Arbeit/Dimension-1/gender-pay-gap.html (abgerufen am 15.02.22).
[2] Eine Übersicht über solche Förderprogramme ist zu finden unter www.bildungsserver.de/frauenfoerderung-917-de.html (abgerufen am 15.02.22)

Abb.: © pizzastereo – Shutterstock.com

© Verlag an der Ruhr | Autor: Oliver Hust | www.verlagruhr.de

Frauenfeindlichkeit

2. Beantworte folgende Fragen schriftlich in deinem Lektüre-Arbeitsheft oder auf einem Blatt.

a) Was bedeutet „Sexismus“?

b) Beschreibe eine beispielhafte Situation für die ungerechte Behandlung von Frauen und Männern.

★ **c)** Recherchiere Förderprogramme für Frauen in deinem Bundesland. Gib dazu die Suchbegriffe *Frauen*, *Förderprogramm* und den *Namen deines Bundeslands* in eine Suchmaschine ein. Speichere oder notiere mindestens zwei Links zu den besten Ergebnissen.

3. Bildet Gruppen aus drei Personen und entscheidet gemeinsam, ob ihr a) oder b) bearbeitet. Notiert eure Ideen stichpunktartig auf den Linien unten.

a) Überlegt euch, welche Faktoren dazu beitragen, dass jemand eine gute Köchin bzw. ein guter Koch wird.

b) Überlegt euch, welche Faktoren dazu beitragen, dass jemand eine gute Fußballerin bzw. ein guter Fußballer wird.

4. Vergleicht die Ergebnisse der Gruppenarbeit aus Aufgabe 3. Diskutiert, welche der Faktoren, die ihr gefunden habt, vom Geschlecht abhängig sind.

5. Sammelt gemeinsam in der Klasse Ideen, wie man etwas gegen die Ungleichbehandlung von Menschen in der Arbeitswelt aufgrund ihres Geschlechts unternehmen kann.

Abb.: © FocusStocker (Fußball), © S_Photo (Kochmütze) – beides Shutterstock.com
© Verlag an der Ruhr | Autor: Oliver Hust | www.verlagruhr.de

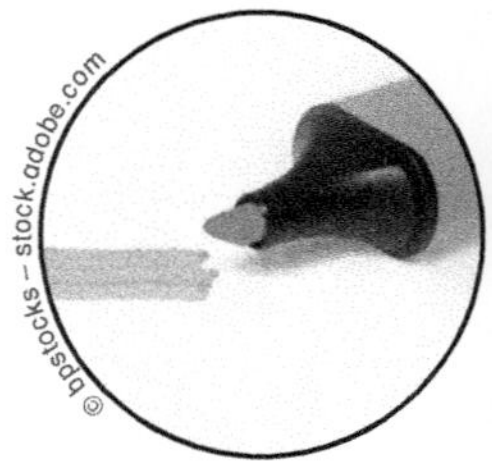

Warten auf Antwort

1. Samuel wartet ungeduldig auf eine Nachricht von Dilan.

a) Lies zunächst die Fragen unten.

b) Trage die Antworten an die passende Stelle im Kreuzworträtsel ein. Notiere zu jeder Frage, an welcher Textstelle die Antwort zu finden ist.

TIPP
Die Umlaute Ä, Ü und Ö können vorkommen!

1. Wer schickte Samuel am Morgen eine Nachricht? *Seite* ...., *Zeile* ....
2. Was unterrichtet Frau Weber? *Seite* ...., *Zeile* ....
3. Was hat Anna während des Vortrags in der Hand? *Seite* ...., *Zeile* ....
4. Welche Farbe haben Yukis Augen? *Seite* ...., *Zeile* ....
5. Wo bewahrt Samuel sein Handy auf? *Seite* ...., *Zeile* ....
6. An welchem Wochentag spielt Kapitel 5? *Seite* ...., *Zeile* ....
7. Wo unterhalten sich Yuki und Samuel? *Seite* ...., *Zeile* ....
8. Welches Thema hatte Yukis und Annas Referat? *Seite* ...., *Zeile* ....

Abb.: © AnyaPL – Shutterstock.com
© Verlag an der Ruhr | Autor: Oliver Hust | **www.verlagruhr.de**

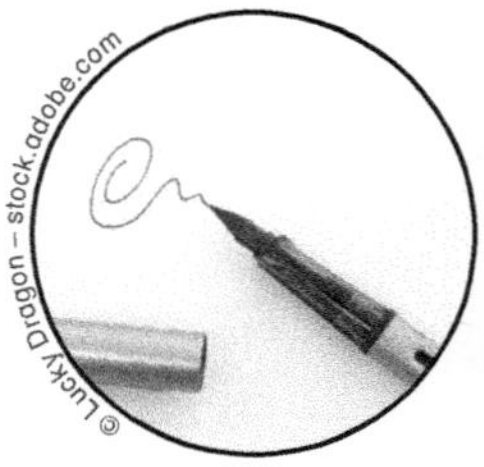

© Lucky Dragon – stock.adobe.com

Yuki und Anna

1. **Lies Kapitel 5 noch einmal.**

2. **Was erfährst du über Yuki und Anna?**

   a) Lege in deinem Lektüre-Arbeitsheft oder auf einem Blatt eine Tabelle nach folgendem Muster an.

   b) Notiere in der Tabelle stichpunktartig alles, was du über Yuki und Anna erfährst. Schreibe auch die Seiten- und Zeilenangaben dazu. Ein Beispiel ist dir bereits vorgegeben.

   c) Vergleicht eure Notizen zu zweit. Ergänzt fehlende Informationen.

Yuki	Anna
kann selbstbewusst vortragen (S. 25, Z. 12-14)	...
...	...

3. **Bildet Gruppen von 4 Personen.**

   a) Lest die folgenden Aufgabenbeschreibungen und legt fest, wer von euch welche Aufgabe übernimmt.

Bildhauer/-in (1 pro Gruppe)
- Während der Erarbeitung der Standbilder weist du die Darsteller/-innen an und hilfst ihnen, sich passend hinzustellen.
- Nach der Präsentation erklärst du das Standbild und beantwortest Fragen.

Darsteller/-in (3 pro Gruppe)
- Während der Erarbeitung befolgt ihr die Anweisungen der Bildhauerin bzw. des Bildhauers.
- Während der Präsentation steht ihr absolut still, wie eingefroren, da.

   b) Lest die Textstelle von S. 28, Z. 8 bis S. 30, Z. 23 noch mal. Achtet beim Lesen darauf, was ihr über Samuel, Yuki und Anna erfahrt.

   c) Stellt die Beziehung zwischen den drei Figuren in einem Standbild dar. Entscheidet, welche/-r Darsteller/-in welche Figur übernimmt, und überlegt gemeinsam, wie ihr euch hinstellt, damit die Beziehung der Figuren deutlich wird. Der/Die Bildhauer/-in überprüft das Standbild von außen und stellt sicher, dass alles gut zu erkennen ist.

4. **Präsentiert euch gegenseitig eure Standbilder und gebt euch Feedback. Die Bildhauer/-innen der einzelnen Gruppen können die Standbilder, wenn nötig, erläutern und Fragen beantworten.**

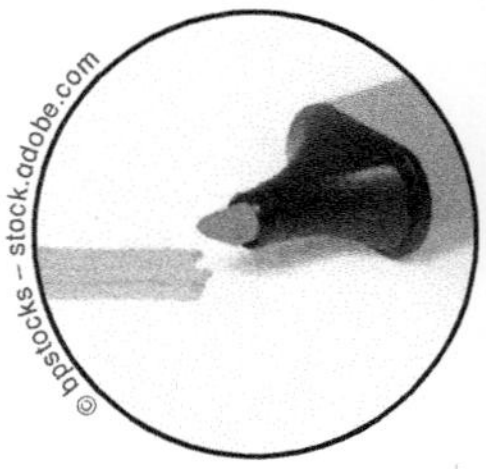
© bpstocks – stock.adobe.com

Dilans Tagebuch

1. Lies Kapitel 6 noch einmal.

2. Vervollständige Dilans Tagebucheintrag mit den fehlenden Informationen.

Heute war ein guter Tag. Ich bin mit dem .... zum Park gefahren, weil ich da mit meinem Kumpel Samuel zum .... verabredet war. Weil ich noch etwas .... , war ich etwas zu .... Ich hab' Samuel eine .... geschrieben, damit er sich nicht wundert. Als ich angekommen bin, hat er gerade .... geübt. Er muss auf jeden Fall mehr .... holen! Mir ist direkt aufgefallen, wie glücklich er ausgesehen hat. Er hat mich auch die ganze Zeit angeschaut. Ob das daran lag, dass ich heute .... angezogen habe?

Nachdem wir etwas trainiert hatten, wollte Samuel wissen, ob ich .... Er spielt mit seinen Freunden gern ...., aber ich kenne kaum Spiele. Um mich nicht zu blamieren, habe ich ihm die Story erzählt, wie ich mein .... verloren habe, als ich wegen des .... ins Krankenhaus musste. Das war ein Volltreffer, denn das Spiel war auch mal sein .... Wir haben dann noch gegen eine Gruppe .... gespielt. Das hat richtig Spaß gemacht, weil ich auch mal .... machen konnte, ohne darüber nachzudenken. Nach dem Match habe ich Samuel noch zu meinem .... eingeladen. Er hat sich total gefreut. Ich bin gespannt, was er sagt, wenn er dann mein .... kennenlernt.

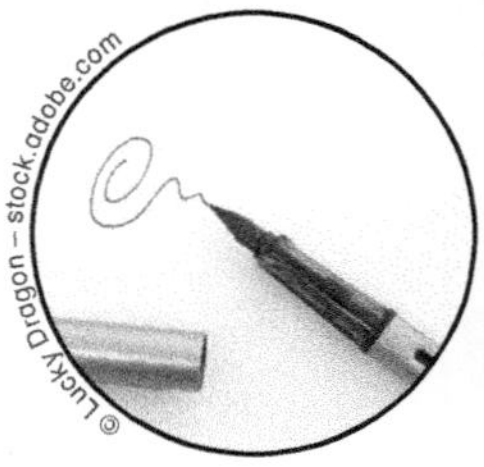
© Lucky Dragon – stock.adobe.com

Das „Geschwisterchen“

S. 39, Z. 12–13

„Na, Geschwisterchen ist einfach ein passendes Wort.“

1. Lies Kapitel 6 noch einmal ab Seite 38, Zeile 7.

a) Notiere alle Informationen, die du über Dilans „Geschwisterchen“ erfährst, stichpunktartig in dein Lektürearbeitsheft oder auf ein Blatt.

b) Welche Information fehlt? Begründe.

2. Hat die Frage, welches Geschlecht Dilans „Geschwisterchen“ hat, einen großen Einfluss auf die Freundschaft zwischen Samuel und ihm?

a) Zeichne dazu einen Pfeil ein, der an die passende Stelle auf der Skala zeigt.

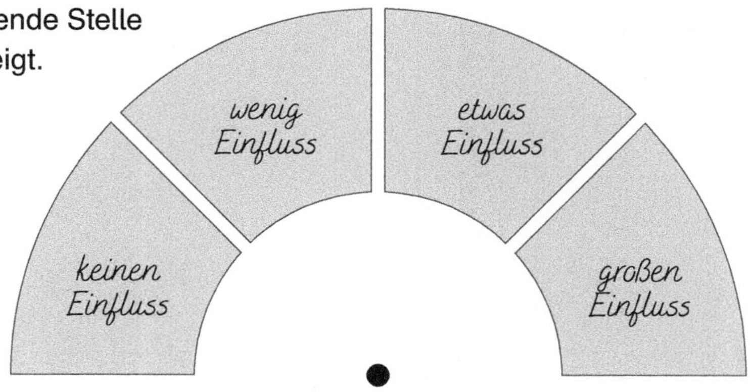

b) Begründe deine Entscheidung in einem Satz.

Das Geschlecht von Dilans „Geschwisterchen“ hat ....

Einfluss auf die Freundschaft von Dilan und Samuel, weil ....

....

3. Vermute, welche Gründe Dilan haben könnte, das Geschlecht seines Geschwisterchens nicht zu verraten. Notiere in deinem Lektüre-Arbeitsheft oder auf einem Blatt.

★ **4. Im Deutschen gibt es nur die Worte „Bruder“ und „Schwester“, um ein einzelnes Geschwisterteil zu beschreiben. Das Wort „die Geschwister“ ist zwar geschlechtsneutral, existiert aber nur im Plural. Ändere das! Erfinde ein geschlechtsneutrales Wort für „Schwester“ bzw. „Bruder“, das im Singular eingesetzt werden kann!**

Mein Wort: ....

© Kebox – stock.adobe.com

Sprache verändert sich

1. Lies den Text und unterstreiche dabei wichtige Informationen. Klärt die Bedeutung unbekannter Wörter gemeinsam in der Klasse.

Es gibt viele Einflüsse, die eine Sprache prägen. Beispielsweise gibt es im Schwedischen die Formulierung „*kura skymning*“, die ein gemütliches Zusammensein mit anderen Menschen während der Dämmerung beschreibt. Auch im Deutschen kennen wir das Wort *Dämmerung* und auch die Situation, bei Dämmerung mit anderen zusammen zu sein. In Deutschland geht die Sonne durchschnittlich viel schneller unter als in Schweden, weshalb diese Zeit am Abend nicht so speziell wahrgenommen wird. Daher haben wir auch keine eigene Formulierung für eine „*gemütliche Dämmerung*“.
Nicht nur der Ort, an dem eine Sprache entsteht, prägt deren Entwicklung, auch die Zeit wirkt sich darauf aus. Früher kannte man noch andere Wörter, die wir heute gar nicht mehr benutzen. Ein Beispiel ist das Wort *Fernsprechanschluss*. Weil fest angeschlossene Telefone immer seltener werden und man schon lange mit dem Handy jederzeit überallhin telefonieren kann, ist dieses Wort ungebräuchlich geworden. Andere Wörter und Formulierungen sind zur deutschen Sprache dazugekommen.
Die Corona-Pandemie hat seit ihrem Ausbruch 2020 dafür gesorgt, dass Wörter wie *Alltagsmaske* oder *Distanzunterricht* ganz selbstverständlich benutzt werden. Solche neuen Begriffe entstehen plötzlich ganz schnell, wenn es eine Veränderung gibt.
Eine weitere Veränderung ist das sogenannte „Gendern“. Damit ist gemeint, dass Menschen geschlechtsneutrale Formulierungen verwenden, um ganz bewusst alle Geschlechter anzusprechen. Statt *Lehrer* sagen sie *Lehrkraft* oder statt *Krankenschwester Pflegekraft*.
Weil es nicht für alle Bezeichnungen eine neutrale Alternative gibt, schreiben viele Menschen diese Wörter mit dem Genderstern. Um nicht nur von *Schülern* zu sprechen und damit den Eindruck zu erwecken, es handle sich ausschließlich um männliche Jugendliche, kann man *Schüler*innen* schreiben und so zeigen, dass Jugendliche aller Geschlechter gemeint sind. Beim Sprechen lässt man anstelle des Sterns eine kleine Pause. Man spricht sozusagen „Schüler-innen“. Lange Zeit wurden vor allem für Berufs- und Personenbezeichnungen nur männliche Formen verwendet. Dadurch stand automatisch das männliche Geschlecht viel stärker im Fokus. Indem man gendert, werden auch andere Geschlechter in der Sprache abgebildet und so stärker wahrgenommen. Menschen, die beim Sprechen gendern, möchten damit mehr Gleichberechtigung von Männern, Frauen und Personen anderer Geschlechter schaffen. Weil vielen Gleichberechtigung immer wichtiger wird, verändert sich also auch unsere Sprache.

Abb.: © nendra wahyu kuncoro – Shutterstock.com

© Verlag an der Ruhr | Autor: Oliver Hust | www.verlagruhr.de

© kebox – stock.adobe.com

KAPITEL 6

Sprache verändert sich

2. Im Text hast du erfahren, wie sich Sprache verändert.

a) Entscheide, ob die folgenden Aussagen richtig ✓ oder falsch ✗ sind, und kreuze entsprechend an.

	✓	✗
A. Die deutsche Sprache ist alt und kann sich deshalb nicht mehr verändern.		
B. Die Formulierungen und Wörter einer Sprache hängen damit zusammen, wo sie herkommt.		
C. Sprache verändert sich mit der Zeit.		
D. Es braucht lange, bis neue Wörter und Formulierungen entstehen.		
E. Die Sprache reagiert auf Veränderungen.		
F. Im Deutschen wurde schon immer gegendert.		
G. Mit dem Gendern drückt man aus, dass es nur ein Geschlecht gibt.		
H. Es gibt nicht immer eine geschlechtsneutrale Formulierung.		
I. Wenn es keine neutrale Alternative, wie Lehrkraft, gibt, verwendet man zum Gendern die männliche Form.		

b) Korrigiere die falschen Aussagen schriftlich in deinem Lektüre-Arbeitsheft oder auf einem Blatt.

3. Suche nach 3 Wörtern aus deinem Alltag, die aufgrund aktueller Gegebenheiten und Einflüsse entstanden, aber noch nicht in einem Wörterbuch zu finden sind.

Wort	Bedeutung

Geschlechtsneutrale Sprache

1. Betrachte das Bild.

a) Erkläre, was die Schülerin mit ihrer Aussage meint.

b) Kannst du dir weitere, alltägliche Momente vorstellen, in denen es zu ähnlichen Missverständnissen kommen könnte? Erzähle.

c) Diskutiert in der Klasse miteinander folgende Frage: Warum lohnt es sich, Begriffe zu gendern?

2. Informiert euch im Zuge eines Stationenlernens über mögliche Alternativen zum generischen Maskulinum.

a) Richtet in der Klasse fünf Stationen ein und verteilt die Infotexte, den Nummern entsprechend, an die Stationen.

b) Geht mit eurem Laufzettel die Stationen ab und lest die dort ausliegenden Texte. Füllt euren Laufzettel anschließend aus.

c) Vergleicht eure Ergebnisse abschließend im Plenum.

3. Diskutiert die Vor- und Nachteile der verschiedenen Alternativen.

a) Tauscht euch gemeinsam über eure Meinungen aus.

b) Lege eine Tabelle nach folgendem Muster in deinem Lektüre-Arbeitsheft oder auf einem Blatt an. Halte die Ergebnisse stichpunktartig darin fest.

		Vorteile	Nachteile
1	Paarform	…	…
2	Neutrale Alternative	…	…
3	Gendersternchen	…	…
4	Generisches Neutrum mit -y	…	…
5	Generisches Femininum	…	…

Abb.: © DGLimages – Shutterstock.com

© Verlag an der Ruhr | Autor: Oliver Hust | www.verlagruhr.de

Geschlechtsneutrale Sprache

Laufzettel

Name: ....

1. An jeder Station findest du einen Infotext und einen Satz.

a) Lies zunächst den Infotext.

b) Formuliere den Satz der jeweiligen Station nun so um, wie es im Infotext beschrieben wird. Notiere ihn in der Tabelle unten.

Nr.	Schreibweise	Beispielsatz
1	Paarform	
2	Neutrale Alternative	
3	Gendersternchen	
4	Generisches Neutrum mit -y	
5	Generisches Femininum	

© Verlag an der Ruhr | Autor: Oliver Hust | www.verlagruhr.de

© kebox – stock.adobe.com

Geschlechtsneutrale Sprache

1. Paarform

In der Paarform wird neben der männlichen Form noch die weibliche genannt. Beide Formen werden mit *bzw.* (im Singular) oder *und* (im Plural) verknüpft.

Beispiel: der Schüler ➔ die Schülerin bzw. der Schüler ➔ der Schüler / die Schülerin
die Schüler ➔ Schülerinnen und Schüler ➔ die Schüler/-innen

✎ In meiner Familie gibt es viele Beamte.

---

2. Neutrale Alternative

Für viele Wörter gibt es geschlechtsneutrale Alternativen. Die Internetseite *www.geschicktgendern.de* listet solche Alternativen auf. Wenn es keinen passenden neutralen Begriff gibt, kann man auch mit Nebensätzen neutral umschreiben.

Beispiel: der Schüler ➔ Person, die zur Schule geht
die Schüler ➔ Jugendliche / Lernende

✎ In der Pause schicken uns die Lehrer raus.

---

3. Gendersternchen

Mit dem Gendersternchen werden die männliche und weibliche Form eines Wortes kombiniert. An die männliche Form wird hinter dem Sternchen die weibliche Nachsilbe *-in* (im Singular) oder *-innen* (im Plural) angehängt. Beim Vorlesen macht man beim Sternchen eine kurze Pause.

Beispiel: der Schüler ➔ der*die Schüler*in
die Schüler ➔ die Schüler*innen

✎ Bei einer Demonstration waren über 200 Polizisten im Einsatz.

---

4. Generisches Neutrum mit -y

Die Schreibweise mit -y ist eine dritte Option neben männlicher und weiblicher Form. An den Wortstamm wird die Endung *-y* (im Singular) und *-ys* (im Plural) angehängt.

Beispiel: der Schüler ➔ das Schüly die Schüler ➔ die Schülys

✎ Nächste Woche streiken die Busfahrer.

---

5. Generisches Femininum

Die weibliche Form wird stellvertretend für alle Geschlechter genutzt.

Beispiel: der Schüler ➔ die Schülerin die Schüler ➔ die Schülerinnen

✎ Viele Experten warnen vor den Folgen des Klimawandels.

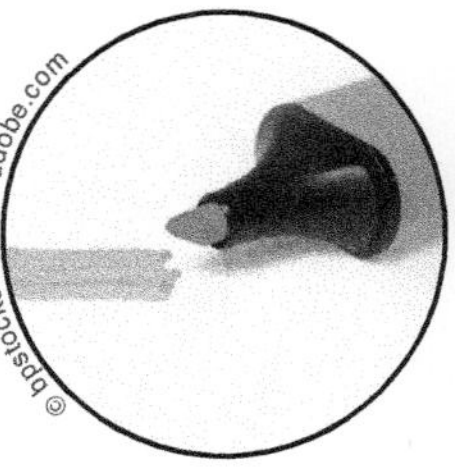

KAPITEL 7

Dilans Geburtstagsfeier

1. In der folgenden Zusammenfassung des 7. Kapitels sind einige Fehler enthalten. Streiche die falschen Informationen durch und korrigiere sie direkt darüber. Ein Beispiel ist bereits vorgegeben.

Samuel trifft verspätet auf Dilans Geburtstag ein, weil ~~er~~ *seine Mutter* getrödelt hat. Als er an der Haustür klingelt, macht ihm Jonas auf. Samuel läuft daraufhin in den Keller des Hauses, wo die Party stattfindet. Als Samuel von Dilan begrüßt wird, fällt ihm auf, dass Dilan eine schwarze Hose trägt. Dann überreicht Samuel Dilan das Geschenk, das er in einer kleinen Tüte verpackt hat. Als Dilan das Geschenk öffnet, ist er überrascht. Die anderen Partygäste sind auch neugierig. Es zieht die ganze Aufmerksamkeit auf sich, was Samuel sehr gefällt. Danach reden Samuel und Dilan in Ruhe miteinander. Dilan fragt Samuel, ob er nicht Ideen für ein besseres Geschenk hatte. Samuel erzählt daraufhin, wie er auf die Idee für das Geschenk gekommen ist. Als Dank klopft ihm Dilan auf die Schulter. Danach gehen Samuel und Dilan ins Wohnzimmer. Als er gefragt wird, was er trinken will, wünscht sich Samuel ein Glas Wasser. Als Dilan schließlich fragt, ob Samuel schon sein Geschwisterchen getroffen hat, schüttelt Samuel mit dem Kopf. Das Kapitel endet damit, dass Samuel fragt, wer das Geschwisterchen ist.

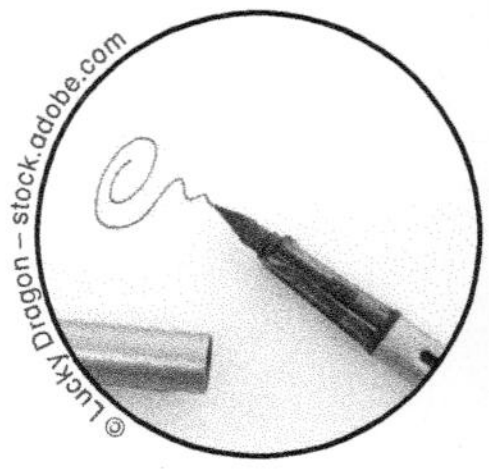
© Lucky Dragon – stock.adobe.com

Ungewohnte Familienverhältnisse

1. **Besprecht im Plenum, warum Samuel nicht daran gedacht haben könnte, dass Yuki und Dilan Geschwister sein könnten.**

2. **Recherchiere die folgenden Fragen und Begriffe im Internet. Die Links im Merkkasten unten helfen dir.**

   a) Wer darf in Deutschland ein Kind adoptieren? Kreuze an!

	Ja	Nein
Ein heterosexuelles Ehepaar		
Stiefvater / Stiefmutter eines Kindes		
Ein schwules oder lesbisches Ehepaar		

   b) Recherchiere die folgenden Begriffe.
   Definiere sie anschließend in eigenen Worten.

   Patchwork-Familie: ....

   ....

   Wahlfamilie: ....

   ....

   Regenbogenfamilie: ....

   ....

   Verantwortungsgemeinschaft: ....

   ....

   ....

Starte deine Recherche hier:

Kim Berg: „Gegen sexuelle Diskriminierung" (11.12.2018), in: deutschland.de (Hrsg.: Fazit Communication/ Auswärtiges Amt Berlin)

„Familienformen: 3 wichtige Punkte", in: genderdings.de (Hrsg.: Dissens – Institut für Bildung und Forschung e. V.)

„Buschmann will 'Verantwortungsgemeinschaft'" (25.12.2021), in: zdf.de

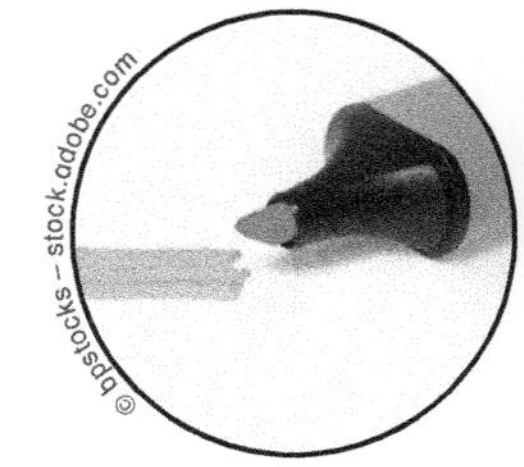

Wer ist Lara?

1. **Lies Kapitel 8 noch einmal und achte besonders darauf, was du über Lara erfährst.**

2. **Kreuze die richtigen Antworten an.**
Achtung: Manchmal gibt es mehr als eine richtige Antwort, auf eine Frage gibt es keine richtige Antwort.

   a) Wo haben sich Dilan und Lara kennengelernt?
   - ☐ Im Basketballverein.
   - ☐ In der Schule.
   - ☐ Auf dem Basketballplatz im Park.
   - ☐ Beim Zocken von Online-Games.

   b) Warum trinkt Lara kein Bier?
   - ☐ Weil ihre Eltern es ihr verboten haben.
   - ☐ Weil sie noch zu jung ist und nicht darf.
   - ☐ Weil sie ungern Alkohol trinkt.
   - ☐ Weil sie den Geschmack nicht mag.

   c) Was haben Samuel und Lara gemeinsam?
   - ☐ Beide haben sich schon einmal mit Dilan im Park getroffen.
   - ☐ Beide kennen Yuki.
   - ☐ Beide mögen Wein.
   - ☐ Sie sind beide im selben Basketballverein.

   d) Welche Farbe hat Laras Hose?
   - ☐ Dunkelblau
   - ☐ Rot
   - ☐ Weiß
   - ☐ Braun

   e) Warum verlässt Dilan die Küche?
   - ☐ Weil er den Müll rausbringen will.
   - ☐ Weil es an der Haustür geklingelt hat.
   - ☐ Weil er auf Toilette muss.
   - ☐ Weil er von Yuki gerufen wurde.

3. **Vergleiche, wie sich Lara gegenüber Samuel verhält, wenn sie mit ihm allein ist und wenn Dilan anwesend ist. Was fällt dir auf? Notiere stichpunktartig in deinem Lektüre-Arbeitsheft oder auf einem Blatt.**

Abb.: © Kabardins photoM – Shutterstock.com
© Verlag an der Ruhr | Autor: Oliver Hust | www.verlagruhr.de

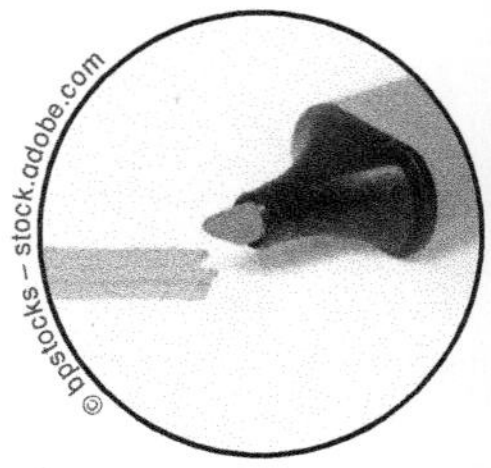
© bpstocks – stock.adobe.com

Samuels Gefühlschaos

1. Lies Kapitel 9 noch einmal.

2. Beantworte die folgenden Fragen schriftlich.

a) Warum fühlt sich Samuel zu Beginn von Kapitel 9 nicht so gut?

b) Welchen Leuten begegnet Samuel im Laufe von Kapitel 9?
Notiere die Namen der Personen in der Reihenfolge ihres Erscheinens.

c) Nach dem Referat war die Stimmung zwischen Yuki und Samuel angespannt. Wie wirken die beiden in Kapitel 9 auf dich?

d) Yuki schlägt vor, für das Gespräch nach draußen zu gehen.
Was könnte der Grund dafür sein?

3. Streiche die Gegenstände, die <u>nicht</u> in Kapitel 9 erwähnt werden.

eine Holzbank

ein Gartentisch

eine Zigarette

eine Bierflasche

ein Stuhl

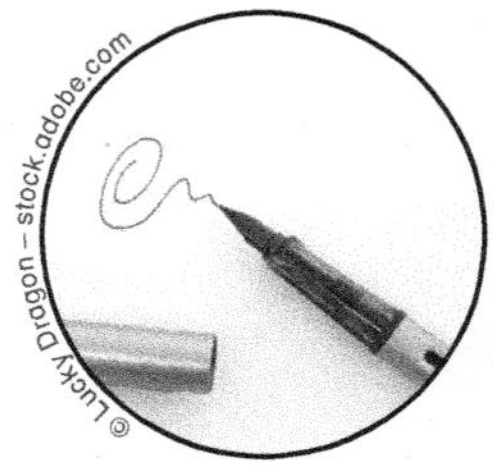
© Lucky Dragon – stock.adobe.com

KAPITEL 10

„Hilfe! Bin ich normal?“

S. 59, Z. 8–10

„Weißt du, manche Menschen können sich weder mit dem Geschlecht Mann noch Frau identifizieren.“

1. In einem anonymen Online-Forum für Jugendliche hat jemand folgenden Beitrag gepostet.

a) Lies den Beitrag und die Kommentare darunter.

b) Verfasse eine eigene Antwort auf den Forenbeitrag. Du kannst dabei auch Bezug auf die anderen Antworten nehmen.

c) Tragt eure Antworten in der Klasse vor und tauscht euch darüber aus.

CringoStarr *fragt:* Hallo, ich bin 15 Jahre alt und ich muss mal mit irgendwem reden … Und zwar bin ich als Junge geboren, aber habe mich nie so wirklich als ein typischer Junge gefühlt … Eigentlich dachte ich immer, das wäre normal, aber dann hat mir eine Freundin erklärt, was nichtbinär heißt. Seitdem muss ich da ständig drüber nachdenken. Bin ich denn jetzt noch normal oder nichtbinär und wie mache ich jetzt weiter?

↳ **NoicesNilpferd** *schreibt:* Nichtbinäre Menschen sind doch auch normal?!

↳ **BillyMaiwisch** *schreibt:* Also wenn du ständig drüber nachdenken musst, ist das ja schon ein Zeichen, oder?

↳ .... *schreibt:*

....

....

....

....

....

....

....

K.L.A.R.

Rollenbilder

1. Lies die folgenden Begriffe. Ordne sie nach eigenem Ermessen auf der Geschlechter-Skala darunter ein, indem du eine Linie vom Begriff zum passenden Punkt auf der Skala ziehst. Du kannst auch den Bereich in der Mitte benutzen.

Fußball spielen	Lesen	Kochen	Singen	Ehrenamt (z. B. frw. Feuerwehr)	Nähen	Motorrad fahren	Pferde reiten

♀ ←――――――――――――――――――――――――――――――――→ ♂

2. Vergleicht eure Ergebnisse in der Klasse.

a) Benennt Gemeinsamkeiten und Unterschiede in eurer Zuordnung.

b) Reflektiere, welche Begriffe du besonders einfach zuordnen konntest und bei welchen Begriffen du länger überlegen musstest.

c) Notiere zu einem Begriff, den du nur schwer zuordnen konntest, eine Begründung.

Den Begriff „..“ konnte ich

nicht so leicht zuordnen, weil ....

....

....

3. Diskutiert, ob es eher Vorteile oder Nachteile mit sich bringt, dass gewisse Berufe und Hobbys mit bestimmten Geschlechtern in Verbindung gebracht werden.
Notiert eure Ergebnisse im Lektüre-Arbeitsheft.

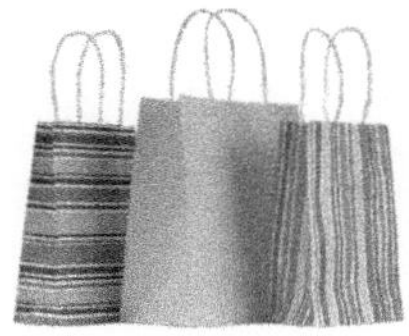

Abb.: © studio (Schuh), © Chepko Danil Vitalevich (Werkzeuge), © Nenov Brothers Images (Bauklötze), © Paulista (Bücher), © FocusStocker (Ball), © gresei (Lippenstift),© Elnur (Taschen), © Artem Avetisyan (Krawatte) – alle Shutterstock.com
© Verlag an der Ruhr | Autor: Oliver Hust | www.verlagruhr.de

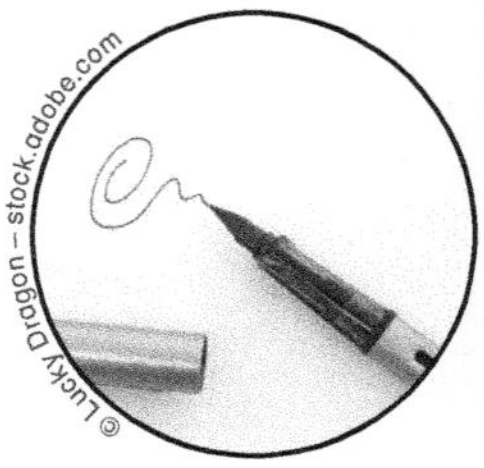
© Lucky Dragon – stock.adobe.com

Geschlechtsidentität

S. 59, Z. 10–12

„Ich bin zum Beispiel nichtbinär, also kein Junge und auch kein Mädchen."

1. **Lies dir erneut Yukis Erklärung zu nichtbinärer Geschlechtsidentität von Seite 59 durch.**

2. **Vervollständige die folgenden Sätze.**

   a) Yuki erklärt, dass .... Pronomen für das männliche und .... Pronomen für das weibliche Geschlecht sind. Als weitere Pronomen nennt Yuki ....

   b) Yuki ist der Meinung, dass Samuel wie ein Junge aussieht. Genau das bezeichnet sier als „männlich .... Person".

   c) Man kann aber nicht grundsätzlich am .... erkennen, welches Geschlecht die andere Person hat.

   d) Wenn man wissen will, wie man eine Person anspricht, kann man sie einfach nach .... oder noch besser nach .... fragen.

3. **Lest den Merkkasten und schaut das verlinkte Video bis zu Min. 1:50. Diskutiert, warum es wichtig ist, über Geschlechtsidentitäten zu sprechen.**

MERKE Geschlechtsidentität

Das *biologische Geschlecht* oder auch *Körpergeschlecht* beschreibt die Körpermerkmale, mit denen ein Mensch geboren wird. Die *Geschlechtsidentität* beschreibt, mit welchem Geschlecht sich ein Mensch identifiziert. Das eine muss nicht unbedingt dem anderen entsprechen. Wenn biologisches Geschlecht und Geschlechtsidentität nicht übereinstimmen, wird das *Transgeschlechtlichkeit* genannt. Es gibt auch den Fall, dass ein Neugeborenes weder als weiblich noch männlich eingestuft werden kann. In diesem Fall spricht man von *Intergeschlechtlichkeit*.

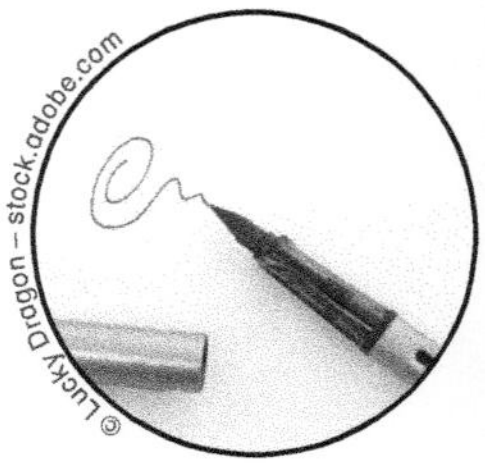

Neue Pronomen

1. Yuki benutzt die Pronomen *sier* und *siem*.

a) Wiederholt mündlich alles, was ihr über die Wortart Pronomen wisst.

b) Notiere die Pronomen, die du aus dem Deutschunterricht kennst, in der folgenden Tabelle.

	Person	Singular	Plural
Personal-pronomen	1.		
	2.		
	3.		
Possessiv-pronomen	1.		
	2.		
	3.		

c) Lies im Zitat oben nach, welche Pronomen Yuki verwendet. Was fällt dir daran auf, wenn du sie mit den Pronomen in der Tabelle vergleichst? Erkläre.

d) Lies den folgenden Text. Klärt unbekannte Wörter im Plenum.

Personalpronomen sind Wörter, die stellvertretend für ein Nomen stehen können. Nomen und Namenswörter können durch das passende Pronomen ersetzt werden. Das ist nützlich, um Wiederholungen zu vermeiden und Sätze nicht unnötig lang zu machen. Es gibt unterschiedliche Arten von Pronomen. Mit Possessivpronomen, wie z. B. *seine* oder *ihre*, drückt man Besitzverhältnisse aus, also wem etwas gehört.

Personal- und Possessivpronomen sind vor allem dann relevant, wenn wir über Personen sprechen. Da wir in der Grammatik, neben *sächlich*, nur die Geschlechter *männlich* und *weiblich* unterscheiden, eignen sich die Pronomen nicht dafür, Personen anzusprechen, die sich nicht mit einem dieser Geschlechter identifizieren – so wie Yuki. Damit diese Personen korrekt angesprochen werden können, gibt es verschiedene alternative Pronomen.

e) Ergänze Yukis Pronomen im folgenden Satz.

Yuki geht oft spät ins Bett. Deshalb hat Dilan .... einen lauten Wecker geschenkt, damit .... nicht mehr verschläft.

2. Neue, noch ungewohnte Pronomen zu verwenden, um korrekt über nichtbinäre und queere Personen zu sprechen, kann kompliziert sein. Diskutiert in der Klasse darüber, welche Vorteile es trotzdem hat.

© Verlag an der Ruhr | Autor: Oliver Hust | **www.verlagruhr.de**

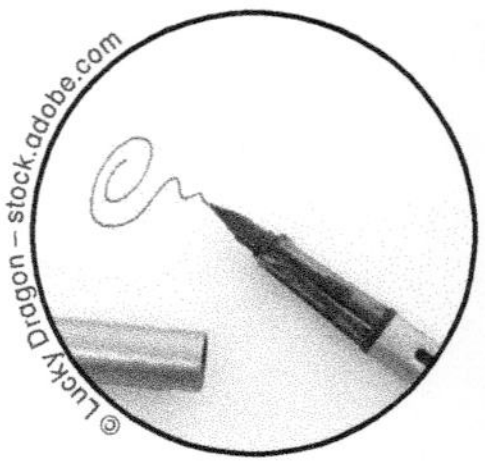

Heteronormativität und queere Menschen

S. 62, Z. 4–12

„Der Club ist für alle Leute der LGBTQ-Community. […] Das Q in LGBTQ steht für queer, das ist so eine Art Oberbegriff für alle Menschen in der Community und für diejenigen, die sich nicht festlegen wollen oder können."

1. Yuki verwendet in sierer Erklärung einige Begriffe und Abkürzungen.

a) Schlage die folgenden Begriffe unter www.queer-lexikon.net/glossar/ nach und notiere ihre Bedeutung in deinem Lektüre-Arbeitsheft oder auf einem Blatt.

LGBTQ | queer | Community

b) Lies das Zitat oben. Stell dir vor, du müsstest deinen Großeltern oder einem Kindergartenkind das Wort *queer* erklären. Schreibe in dein Lektüre-Arbeitsheft oder auf ein Blatt. Nutze auch dein Wissen aus dem Queer-Lexikon.

2. *Queer* war lange Zeit ein Schimpfwort, mit dem Homosexuelle beleidigt wurden, weil sie anders waren als die Norm. Aber was ist eigentlich normal?

a) Informiere dich mithilfe des folgenden Lexikon-Eintrags über Heteronormativität. Klärt unbekannte Begriffe gemeinsam in der Klasse.

He | te | ro | nor | ma | ti | vi | tät, die

= die Annahme, dass Heterosexualität die gesellschaftliche Norm ist.
Diese Annahme leitet sich daraus ab, dass die meisten Paare → *heterosexuell* sind, also aus einer Frau und einem Mann bestehen. Heterosexuelle Paarbeziehungen kommen daher auch in → *Medien* wie Büchern, Filmen und im Fernsehen häufiger vor. → *Homosexuelle* Paare werden weniger oft gezeigt, weil sie seltener sind. Dieser Häufigkeitsunterschied führt dazu, dass sich die angenommene → *Norm* weiter verfestigt. Heteronormativität führt dazu, dass homosexuelle und → *queere* Menschen → *Diskriminierung* erfahren, z. B. indem sie weniger wahrgenommen werden oder unter dem Druck stehen, sich der Norm anzupassen.

b) Diskutiert in der Klasse, warum Heteronormativität problematisch ist.

© Verlag an der Ruhr | Autor: Oliver Hust | www.verlagruhr.de

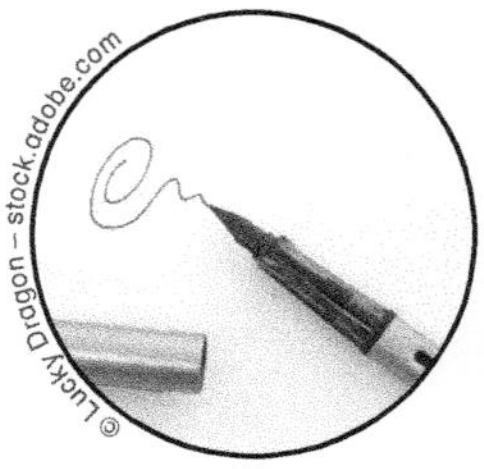

Heteronormativität und queere Menschen 2/2

3. Betrachte die folgenden Werbe-Anzeigen.

a) Welche Anzeigen sind heteronormativ? Kreuze an.

b) Erkläre, welche Aspekte der Werbe-Anzeige heteronormativ sind.

A

B

C

D

E

★ **c)** Wähle eine der angekreuzten Anzeigen und erstelle eine Alternative, in der auch queere Paare repräsentiert bzw. angesprochen werden. Notiere einen neuen Werbespruch in deinem Lektüre-Arbeitsheft oder auf einem Blatt und klebe oder zeichne einen passenden Bildvorschlag dazu.

Abb. A+D: © Dean Drobot, Abb. B: © fizkes, Abb. C: © George Rudy, Abb. E: © Vane Nunes – alle Shutterstock.com

© Verlag an der Ruhr | Autor: Oliver Hust | **www.verlagruhr.de**

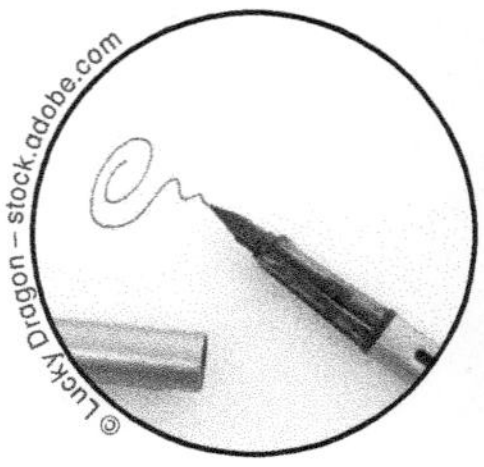

Leugnen

1. Yuki zeigt Samuel ein Foto von Michi und Alex.

a) Lies den Anfang von Kapitel 11 (bis S. 65, Z. 3) noch mal sorgfältig und beschreibe in eigenen Worten, was in Samuel vorgeht.

b) Lies die folgenden Gedanken und kreuze an, welche davon Samuel in Kapitel 11 hat.

A. Es ist eklig, wie sich die zwei Jungs auf dem Foto küssen.
B. Ich kann nur noch an dieses Foto denken.
C. Ich habe noch nie gesehen, wie sich zwei Jungs küssen.
D. Ich glaube, ich will auch mal einen Jungen küssen!
E. Was wird das hier?
F. Dilan soll mich nicht anfassen!
G. Ich muss Lara nicht nach ihren Pronomen fragen.
H. Schön für Lara und Dilan.
I. Meine schlechte Laune kommt von der Eifersucht.

c) Finde für alle Gedanken, die du in Aufgabe 1b nicht angekreuzt hast, Textstellen, in denen du erfährst, was Samuel wirklich durch den Kopf geht. Notiere die Zitate mit Seiten- und Zeilenangabe in deinem Lektüre-Arbeitsheft oder auf einem Blatt.

2. Überfliege Kapitel 12 und zähle dabei, wie oft Samuel sagt oder denkt, dass er nicht schwul ist. Notiere die Anzahl: ....

3. Samuel fällt es nicht leicht, sich seine Gefühle einzugestehen.

a) Überlegt zu zweit, woran das liegen könnte. Notiert eure Ideen stichpunktartig in euren Lektüre-Arbeitsheften oder auf einem Blatt.

b) Diskutiert in der Klasse darüber, warum es Samuel schwerfällt, seine Gefühle gegenüber Dilan und Lara zu akzeptieren.

4. Am Ende von Kapitel 12 möchte Jonas wissen, was los ist.

a) Begründe und erläutere schriftlich, warum Samuel ihm nicht die Wahrheit sagt. Schreibe in dein Lektüre-Arbeitsheft oder auf ein Blatt.

★ **b)** Beziehe Stellung: Hättest du an Samuels Stelle ebenfalls eine Notlüge erzählt oder die Wahrheit gesagt?

Abb.: © Style Photography – stock.adobe.com
© Verlag an der Ruhr | Autor: Oliver Hust | www.verlagruhr.de

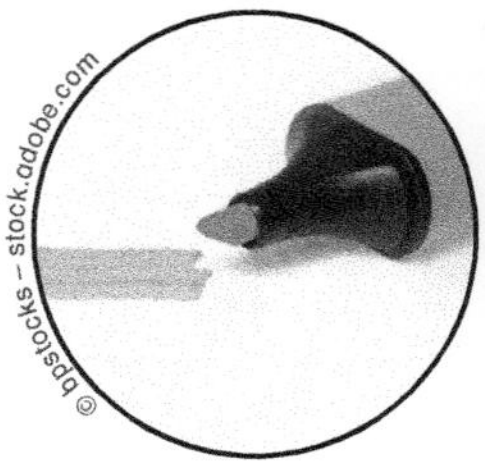

© bpstocks – stock.adobe.com

KAPITEL 13

Irgendetwas muss ich doch tun!

S. 73, Z. 4–7

„Irgendetwas muss ich doch tun. ‚Bin ich schwul' gebe ich in meine Suchmaschine ein."

1. Als Reaktion auf seine Unsicherheit entscheidet sich Samuel, einen Online-Selbsttest zu machen.

a) Besprich mit deiner Sitznachbarin oder deinem Sitznachbarn …
- warum Samuel so dringend nach einer Antwort sucht.
- ob ihr erwartet, dass ein Online-Selbsttest wirklich hilft.
- was Samuel statt eines Online-Selbsttests hätte tun können.

b) Diskutiert eure Ergebnisse gemeinsam im Plenum.

TIPP
Die Uhrzeit verweist auf die Nachricht von Jonas im Roman.

2. Lies noch einmal den Chatverlauf zwischen Samuel und Jonas. Was hat sich Jonas bei seinen Nachrichten gedacht? Ergänze Jonas' Gedanken in den Nachrichten, indem du die Sätze unten vervollständigst.

00:33 Uhr Ich bin noch gar nicht müde und mir ist langweilig.

Mal schauen, *ob Samuel noch wach ist.*

00:37 Uhr Samuel ist schlecht gelaunt, ich sollte ihn mal fragen,

ob der Grund dafür ………………………………………… .

00:44 Uhr Oha, der Grund für seine Laune ist wohl nicht ……………………

………………………………………… . Aber warum macht

er da so ein ………………………………………… draus?

00:51 Uhr Wenn nicht die Familie der Grund für Samuels schlechte

Laune ist, dann ist er vielleicht verliebt in ………………………………… .

Ich frage ihn mal, ob er eifersüchtig auf ………………………………… ist.

01:34 Uhr *(Jonas' Gedanken, nach Samuels letzter Nachricht)*

…………………………………………………………………………

…………………………………………………………………………

★ **3. Hätte Samuel besser persönlich mit Jonas sprechen sollen, als nachts auf seine Nachrichten zu antworten? Begründe und gehe dabei auf Vor- und Nachteile ein, die schriftliche Chats gegenüber persönlichen Gesprächen haben.**

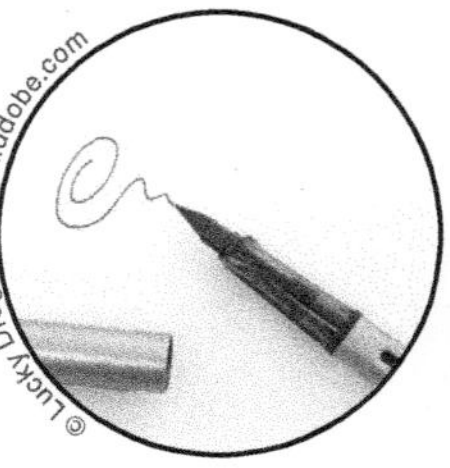

Verwirrung

S. 72, Z. 13 bis S. 73, Z. 1

„Aber ich kann ja gar nicht schwul sein, ich hatte ja schon mal eine Freundin [...] Aber richtig an sie gedacht, habe ich seitdem nicht mehr. Zumindest nicht so, wie ich an Dilan denke.

1. Samuel ist ziemlich aufgewühlt und hat viele Fragen. Bei seiner Recherche hat er in einem Forum Hilfe gesucht.

a) Lies das Zitat aus dem Roman oben und die Forenbeiträge unten.

S4muL07 *fragt:* Hey Leute … ich weiß nicht, ob ich schwul bin, und würde gerne mit jemandem drüber reden. Kennt sich da jemand aus? Ich hatte schon mal eine Freundin, aber jetzt hab ich Gefühle für einen Kumpel – und das fühlt sich ganz anders an als damals. Ist das normal?

Philoserus *schreibt:* Ich kenne dich nicht und kann dir daher nicht sagen, was du fühlst und ob du schwul bist. Überhaupt ist es nicht leicht, Gefühle von anderen zu bewerten. Gefühle sind für jeden Menschen individuell und auch Verliebtheit kann sich für dich ganz anders anfühlen als für mich oder jemand anderen. Wichtig ist also, was du selbst denkst. Du schreibst, dass du dich bei deinem Kumpel anders fühlst als bei deiner Freundin. Das kann schon bedeuten, dass du ihn mehr magst, als du sie gemocht hast. Es muss aber nicht bedeuten, dass du ihn jetzt liebst und deine Freundin nicht geliebt hast. Weil es zwei unterschiedliche Personen sind, ist es logisch, dass auch deine Gefühle verschieden sind. Ich würde dir raten: Hör auf, zu vergleichen. Konzentriere dich lieber darauf, wie es dir geht, wenn du bei deinem Kumpel bist. Hast du ein Kribbeln im Bauch? Fühlst du dich wohl und sicher? Verbringst du gerne Zeit mit ihm? Dann könnte es Liebe sein. Ob du schwul bist, kann ich dir nicht sagen. Normal ist es aber ganz bestimmt!

2. Beantworte folgende Fragen schriftlich in deinem Lektüre-Arbeitsheft oder auf einem Blatt. Begründe deine Antworten mit 1–2 Sätzen.

a) Wie findest du die Antwort von Philoserus?

b) Kann es eine eindeutige Antwort darauf geben, ob Samuel schwul ist?

c) Wer entscheidet, ob Samuel schwul ist oder nicht?

d) Warum zweifelt Samuel daran, ob er normal ist?

e) Wie würdest du „normal“ definieren?

3. Vergleicht und diskutiert eure Ergebnisse im Plenum miteinander.

© Verlag an der Ruhr | Autor: Oliver Hust | www.verlagruhr.de

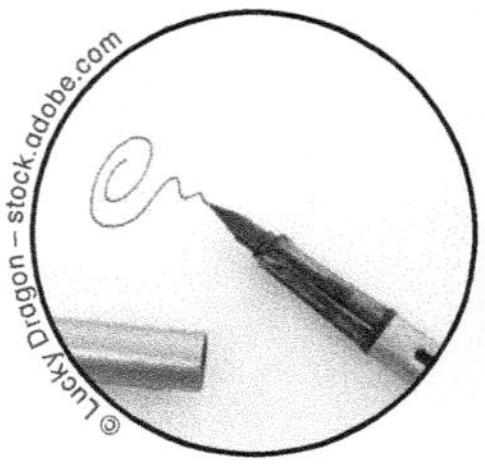
© Lucky Dragon – stock.adobe.com

Queerfeindlichkeit

MERKE Homophobie und Queerfeindlichkeit

Das Wort *Homophobie* bezeichnet direkt übersetzt die „Angst vor Homosexuellen“. Im Alltag ist mit Homophobie aber vor allem die Feindlichkeit gegenüber homosexuellen Menschen gemeint. In vielen Ländern auf der Erde ist Homosexualität unter Strafe gestellt. Auch in Deutschland war es lange Zeit verboten, als Mann schwul zu sein, inzwischen ist es aber nicht mehr so.

Homophobe Anfeindungen können sehr verletzend sein. Aber nicht nur Homosexuelle sind Opfer von Anfeindungen, sondern auch Bisexuelle, Trans*- und Intergeschlechtliche und andere queere Menschen werden mit Hass und Anfeindungen konfrontiert. Heutzutage gibt es Gesetze (z. B. §192a im Strafgesetzbuch), die solchen Hass verbieten.

1. Dir ist bei dem Lesen des Merkkastens vielleicht schon aufgefallen, dass in Deutschland nur männliche Homosexualität unter Strafe stand. Recherchiere im Internet, ob diese Strafen auch für Frauen galten. Schreibe dein Ergebnis ins Arbeitsheft.

TIPP
Beginne deine Suche mit dem Stichwort Paragraph 175.

2. Kreuze an, ob die folgenden Aussagen Feindlichkeit gegen queere Menschen ausdrücken.

	Ja	Nein
„Robin kann sich einfach nicht entscheiden, ob er ein Junge oder Mädchen sein will!“		
„Meine lesbische Tante ist so arrogant!“		
„Warum trägt Manuel Neuer beim Nationalspiel die Schwuchtelbinde?“		
„Der neue Nachbar behauptet, er wäre eine Frau, dabei sieht er ja nicht mal aus wie eine richtige Frau!“		

3. Auf Seite 88, Zeile 16 sagt Jonas: „Wenn hier einer krank ist, dann du!“

a) Lies, wenn nötig, Kapitel 14 noch mal.

b) Beurteile, ob Jonas' Äußerung homophob ist. Schreibe in dein Lektüre-Arbeitsheft oder auf ein Blatt.

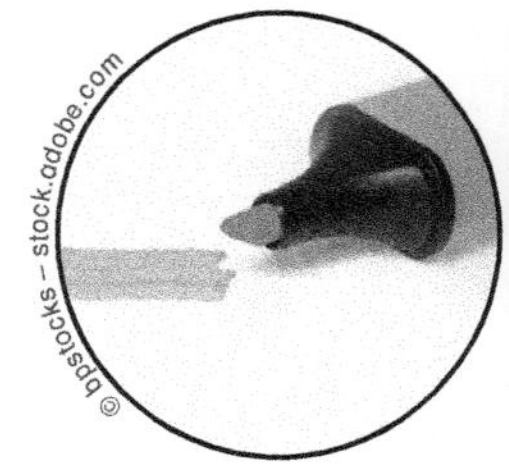
© bpstocks – stock.adobe.com

Schnipseljagd

1. **Lies Kapitel 15 noch einmal.**

2. **Die folgenden Sätze zu Kapitel 15 sind durcheinandergeraten.**

   a) Lies die Satzteile zunächst einmal.

   b) Ordne die Schnipsel einander passend zu, indem du sie miteinander verbindest.

   ★ **c)** Schreibe die Sätze richtig in dein Lektüre-Arbeitsheft oder auf ein Blatt ab.

1) Samuel sitzt alleine im Klassensaal	**A)** an die frische Luft geht.
2) Er will Jonas nicht verpetzen,	**B)** und hat nur einen Gedanken.
3) Als es klingelt,	**C)** Yuki, was passiert ist.
4) Herr Lohmann möchte, dass Samuel	**D)** dass sier nichts weitererzählen darf.
5) Auf dem Pausenhof erzählt er	**E)** er am liebsten gar kein Coming Out hätte.
6) Samuel macht Yuki als Erstes klar,	**F)** als sich jetzt zu outen.
7) Yuki ermutigt Samuel, sich zu wehren,	**G)** weil er sich vor ihm und seinen Freunden fürchtet.
8) Samuel gibt zu, dass	**H)** kommt Herr Lohmann herein.
9) Er hat keine andere Wahl,	**I)** weil Jonas ihn sonst immer erpressen wird.

3. **Yuki rät Samuel, sich so schnell wie möglich zu outen, aber Samuel möchte kein öffentliches Coming Out. Was denkst du, wie es weitergeht?**

   a) Formuliere 3–4 Vermutungen in deinem Lektüre-Arbeitsheft oder auf einem Blatt.

   b) Tauscht euch in der Klasse über eure Vermutungen aus.

© Verlag an der Ruhr | Autor: Oliver Hust | **www.verlagruhr.de**

Ein Coming Out

1. Sieh dir folgendes Erklärvideo zum Thema „Coming Out“ an.

2. Beantworte die folgenden Fragen, indem du die richtige Antwort ankreuzt. Manchmal ist mehr als eine Antwort richtig.

a) Was können queere Menschen durch ein Coming Out mitteilen?

- ☐ Dass sie nicht nur auf das andere Geschlecht stehen.
- ☐ Dass sie jetzt ihren Kleidungsstil ändern wollen.
- ☐ Dass sie sich nicht mit dem Geschlecht identifizieren, das ihnen bei der Geburt zugewiesen wurde.

b) Warum outen sich queere Menschen überhaupt?

- ☐ Damit sie sich in den Mittelpunkt spielen können.
- ☐ Weil sie nach dem Coming Out nicht mehr alle anderen Menschen permanent anlügen müssen.
- ☐ Weil sie hoffen, sich durch das Outing wohler im Alltag zu fühlen.

c) Warum fällt queeren Menschen ein Coming Out oft so schwer?

- ☐ Weil sie lange Zeit brauchen, um zu verstehen und sich einzugestehen, dass sie queer sind.
- ☐ Weil sie Angst vor negativen Reaktionen im sozialen Umfeld haben.
- ☐ Weil es manchmal Überwindung kostet, mit anderen Menschen über intime Gefühle zu reden.

d) Wer sollte für das Coming Out einer queeren Person verantwortlich sein?

- ☐ Freundinnen, Freunde oder Familie der queeren Person.
- ☐ Mitschülerinnen, Mitschüler oder Lehrkräfte der queeren Person.
- ☐ Niemand anderes als die queere Person selbst.

e) Wie kann man eine queere Person beim Coming Out unterstützen?

- ☐ Indem man die queere Person mit ihren Problemen nicht allein lässt.
- ☐ Indem man anderen Leuten erzählt, dass die Person queer ist.
- ☐ Indem man die queere Person bei Anfeindungen verteidigt.

Abb.: © Melinda Nagy – Shutterstock.com

© Verlag an der Ruhr | Autor: Oliver Hust | www.verlagruhr.de

Ein Coming Out

3. Stell dir vor, eine Person aus deinem engen Freundeskreis vertraut dir an, dass sie queer ist.

a) Sammelt zu zweit in einer Mindmap Ideen, wie ihr die Person unterstützen könntet. Schreibt in eure Lektüre-Arbeitshefte oder auf ein Blatt.

b) Vergleicht eure Ergebnisse gemeinsam in der Klasse.

4. Kreuze an, ob die folgenden Situationen ein Coming Out sind ✓ oder nicht ✗.

	✓	✗
Ein Mädchen postet ein Bild, auf dem sie ein anderes Mädchen küsst.		
Deine Sitznachbarin erzählt dir, dass ihr ein Junge aus eurer Klasse erzählt habe, dass er schwul sei.		
Zwei Jungs erzählen ihrer Fußballmannschaft, dass sie jetzt zusammen sind.		
Eine Person aus deiner Klasse ergänzt in ihrer Profilbeschreibung online die Pronomen „sier/siem“		
Einer deiner Mitschüler kommt geschminkt und in einem Rock in die Schule.		
Ein Mädchen postet in den sozialen Medien ein Bild mit einem anderen Mädchen und der Beschreibung: „Ich bin bisexuell und das ist meine Freundin.“		
Deine beste Freundin hat ein neues Profilbild mit Regenbogen-Filter.		
Eine Person, die bisher als Junge bekannt war, sagt dir, dass sie trans ist.		

5. Es gibt im Internet viele Videos von Leuten, die von ihrem eigenen Coming Out oder vom Outing anderer berichten.

a) Suche drei solcher Videos und beantworte, sofern möglich, folgende Fragen im Arbeitsheft.

- Waren die Coming Out-Situationen geplant oder ungeplant?
- Wie waren die Reaktionen auf die Coming Out-Situationen?
- Wie ging es den betroffenen queeren Menschen danach?
- Wie haben die Menschen festgestellt, dass sie queer sind?

b) Stellt euch eure Ergebnisse und die Videos gegenseitig im Plenum vor.

TIPP

Sieh dir z. B. Videos aus der funk-Reihe „OKAY eure Storys“ an.

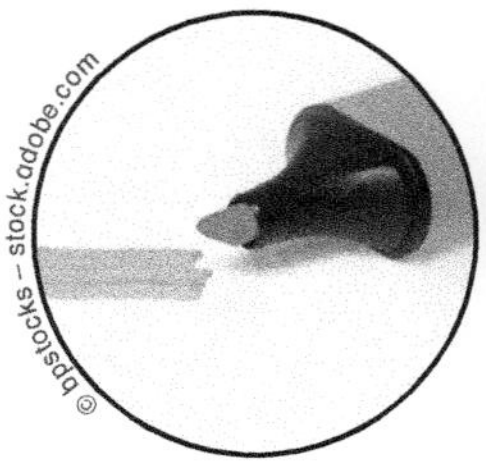
© bpstocks – stock.adobe.com

KAPITEL 16

Yukis und Samuels Coming Out

1. Lies Kapitel 16 noch einmal. Wie fühlen sich Yuki und Samuel?

a) Ordne die Hinweise aus dem Wortkasten Yuki und Samuel zu. Lege dafür eine Tabelle nach folgendem Muster in deinem Lektüre-Arbeitsheft oder auf einem Blatt an.

Yuki	Samuel
...	...

„Ich weiß nicht, ob ich es schaffe." ○ klopft auf die Schulter ○ steht ganz am Rand ○ tritt als Erstes nach vorn ○ hat lauten Herzschlag ○ ist stolz ○ möchte nicht auffallen ○ ist angespannt ○ spricht selbstbewusst ○ nickt aufmunternd ○ „Es gibt kein Zurück." ○ erklärt in Ruhe ○ fasst sich kurz ○ überwindet sich

b) Sprecht gemeinsam in der Klasse darüber, inwiefern sich Yukis und Samuels Coming Outs vor der Klasse unterscheiden.

2. Versetze dich in Samuel hinein, als er vor der Klasse steht und kurz davor ist, zu sagen, dass er schwul ist. Formuliere drei Gedanken, Sorgen und Hoffnungen, die ihm dabei durch den Kopf gehen.

....

....

....

....

....

TIPP
Denke daran, wie Samuels Umfeld reagieren könnte, und daran, was sich für ihn möglicherweise ändern würde.

3. Wähle zwischen a) und b). Schreibe den inneren Monolog in dein Lektüre-Arbeitsheft oder auf ein Blatt. Verwende die Ich-Perspektive und das Präsens (Gegenwartsform).

a) Versetze dich in Yuki hinein und verfasse einen inneren Monolog aus sierer Perspektive. Lies dafür den Text auf Seite 95, Zeile 4–18 noch mal und lass Informationen daraus in deinen Text einfließen.

b) Versetze dich in Samuel hinein und verfasse einen inneren Monolog aus seiner Perspektive. Lies dafür den Text auf Seite 95, Zeile 18 bis Seite 96, Zeile 25 noch mal und lass Informationen daraus in deinen Text einfließen.

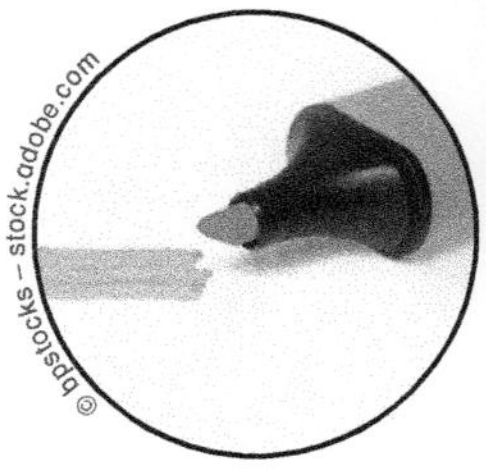
© bpstocks – stock.adobe.com

KAPITEL 17/18

Die Reaktionen auf das Coming Out

TIPP
Du kannst auch Informationen aus Kapitel 16 miteinbeziehen.

1. Lies Kapitel 17 erneut.

a) Notiere stichpunktartig, wie die verschiedenen Personen auf Samuels Coming Out reagieren.

Yuki ……………………………………

Herr Lohmann ……………………………………

Jonas und die Zwillinge ……………………………………

Samuels Klasse ……………………………………

b) Vergleicht eure Ergebnisse. Diskutiert dabei, wovon es abhängt, wie gut oder schlecht eine Klasse auf solch ein Coming Out reagiert.

★ **c)** Wie würdest du selbst reagieren? Überlege, ob du etwas zu der Person sagen würdest. Wenn ja, erläutere, was du sagen würdest; wenn nein, begründe, warum nicht.

2. Lies Kapitel 18 noch einmal. Beantworte die folgenden Fragen, indem du die richtige Antwortmöglichkeit unterstreichst.

a) Wessen Idee war es, dass Samuel nach der Schule zu Yuki und Dilan kommt?

- Dilans Idee
- Samuels Idee
- Yukis Idee

b) Wer wundert sich darüber, dass Samuel beim Mittagessen dabei ist?

- Dilan
- Dilans und Yukis Eltern
- Samuels Eltern

c) Worüber unterhält sich Samuel mit Lise während des Essens?

- Über sein Coming Out
- Über sein Referat
- Über das Basketballtraining

K.L.A.R.

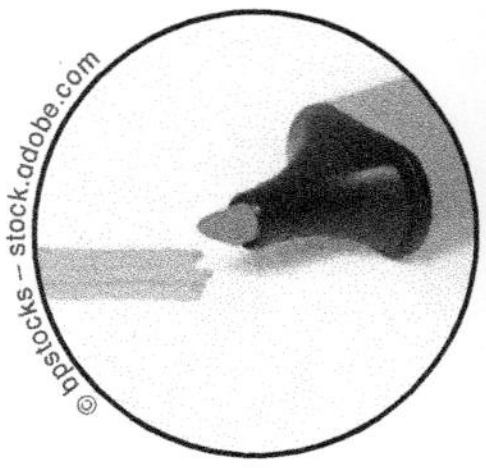
© bpstocks – stock.adobe.com

Sätze sortieren

1. Die folgenden Sätze zu Kapitel 19 sind durcheinandergeraten.

a) Lies die Sätze einmal.

b) Bringe die Sätze in die richtige Reihenfolge, indem du sie von 1 bis 15 nummerierst.

	Im Zimmer schaut sich Samuel neugierig um und entdeckt einen alten Nintendo DS.
	Dilan verspricht Samuel, dass sie Freunde bleiben.
	Samuel erinnert sich, warum er mit Dilan sprechen wollte.
	Samuel überwindet sich und erzählt von dem Chat mit Jonas und seinem Angriff in der Schule.
1	Samuel geht die Treppe nach oben.
	„Ist er doch noch aufgetaucht?“, willl Samuel wissen.
	Dilan macht ihm direkt die Tür auf.
	Die beiden verabreden sich, um gemeinsam „Mario Party“ auf ihren Nintendo DS zu spielen.
	Er setzt sich vor Dilan auf den Boden und nimmt all seinen Mut zusammen.
	Dilan erklärt, dass es Yukis DS ist und er ihn geliehen hat.
	Weil er in Lara verliebt ist, kann er jedoch die Gefühle nicht erwidern.
	Nervös klopft er an Dilans Tür und fragt, ob er reinkommen kann.
	Samuel gibt auch zu, dass es Dilan ist, in den er sich verliebt hat.
	Von Jonas oder Yuki hat Dilan noch nichts gehört. Er weiß nicht, worum es geht.
	Als er fertig ist, nimmt Dilan ihn tröstend in den Arm.

★ **2. Stell dir vor, zehn Jahre sind seit dem Tag von Samuels Coming Out vergangen. Sind Samuel und Dilan noch gut befreundet? Schreibe einen Text darüber, wie sich die beiden zehn Jahre später treffen.**

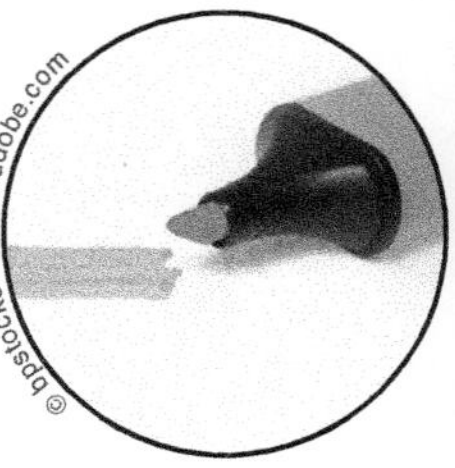

© bpstocks – stock.adobe.com

Soll ich oder soll ich nicht?

TIPP
Manche Aussagen/Handlungen müssen mehrfach zugeordnet werden.

1. Verbinde die Figuren (links) mit den passenden Aussagen und Handlungen (rechts).

	Staub saugen
	„Sea of Thieves“ spielen
Samuel	über Omas Geburtstag reden
Samuels Vater	Freunde anlügen
Özcan	„schwul“ als Schimpfwort nutzen
Leon	fragen, wie es den anderen geht

2. Überlege dir, was Samuel seinen beiden Freunden nach dem Ende von Kapitel 20 als Nächstes sagen könnte, und verfasse einen Monolog aus der Perspektive von Samuel. Entscheide dich, ob Samuel seinen Freunden die Wahrheit sagt oder ihnen eine Lüge präsentiert.

....

....

....

....

....

....

....

....

★ **3. Diskutiert in der Klasse darüber, wie ihr reagieren würdet, wenn euch eure Freund/-innen aus Angst vor Diskriminierung angelogen hätten.**

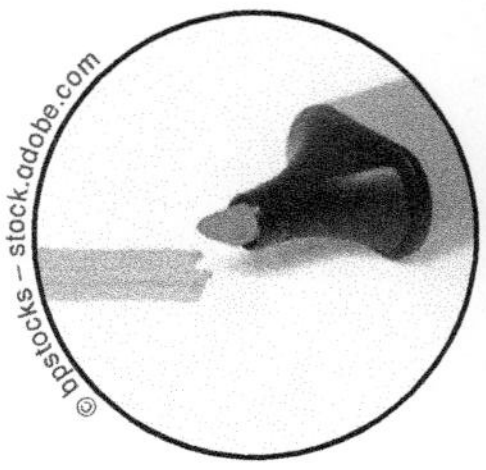
© bpstocks – stock.adobe.com

Ist Leon queerfeindlich?

**1. Lies Kapitel 21 noch einmal.
Notiere stichpunktartig alles, was du über Leon erfährst.**

2. Begründe, ob du Leons Verhalten als queerfeindlich einschätzen würdest.

Ich finde, Leons Verhalten ist ……………………, weil

**3. Formuliere aus Özcans Sicht eine Reaktion auf Leons Aussagen.
Verteidige dabei Samuel.**

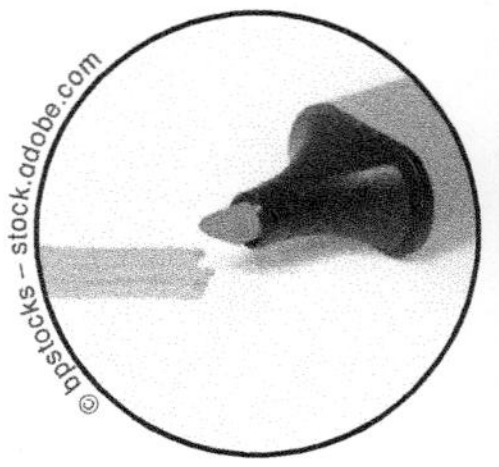
© bpstocks – stock.adobe.com

KAPITEL 22

Die queere Jugendgruppe

1. In der folgenden Zusammenfassung des 22. Kapitels sind einige Fehler enthalten. Streiche die falschen Informationen durch und korrigiere sie handschriftlich direkt darüber. Ein Beispiel ist bereits vorgegeben.

Statt wie sonst immer zum ~~Nachmittagsunterricht~~ *Basketballtraining* zu gehen, besucht Samuel heute nach der Schule mit Dilan zusammen den queeren Jugendtreff. Dort angekommen, lernt er zuerst Fabienne und Michi kennen. Michi ist der Betreuer der Gruppe. Samuel erzählt ihnen von dem unfreiwilligen Coming Out. Fabienne erzählt, dass sie bisexuell ist und das festgestellt hat, indem sie eines Morgens aufgewacht ist und es einfach wusste. Es lief ganz anders als bei Samuel. Eine Weile spielen alle zusammen Video-Spiele. Nachdem alle eingetroffen sind, gibt es eine Vorstellrunde. Dazu stellen sich alle in einen Kreis und reichen einen Redestein weiter. Samuel hört dabei viele unterschiedliche Geschichten von den Anwesenden. Die meisten Leute findet Samuel total unsympathisch. Danach spielt er mit ein paar Leuten Schach, bis der Treff um 19 Uhr beendet wird. Alex und Samuel fahren dann mit dem Bus nach Hause.

2. In vielen Städten gibt es queere Jugendtreffs und Beratungsangebote.

a) Sucht zu zweit im Internet nach Angeboten in eurer Nähe.

b) Stellt eure Ergebnisse eurer Klasse vor.

TIPP
Nutzt die interaktive Karte unter www.meincomingout.de/vor-ort/

© kebox – stock.adobe.com

Bunt zusammengewürfelt 1/2

1. Lest die Anleitung und spielt das Würfelspiel!

Material (pro Gruppe):

- 1 Würfel
- Lösungen zur Kontrolle
- 1 Spielfigur
- Blatt zum Notieren der Punkte

Anleitung:

- Bildet Gruppen aus 3–4 Personen.
- Gewürfelt wird der Reihe nach. Jede Person hat zwei Würfe. Das Spiel dauert so lange, bis alle 2-mal dran wahren (6–8 Runden)
- Die Augenzahl des ersten Wurfs zeigt an, wo die Spielfigur im Feld „1. Wurf" hingestellt werden muss.
- Würfelt ein zweites Mal und folgt mit der Spielfigur dem Pfeil in das passende Feld „2. Wurf". Platziert die Figur dort auf der Zahl, die der Würfel zeigt. Unter dem Zahlenfeld steht ein Begriff, der erklärt werden muss.
- Wird der Begriff korrekt erklärt, erhält die Person einen Punkt. Kontrolliert die Erklärung mithilfe der Lösungen. Wer am Ende die meisten Punkte hat, gewinnt.

Euer Spielbrett

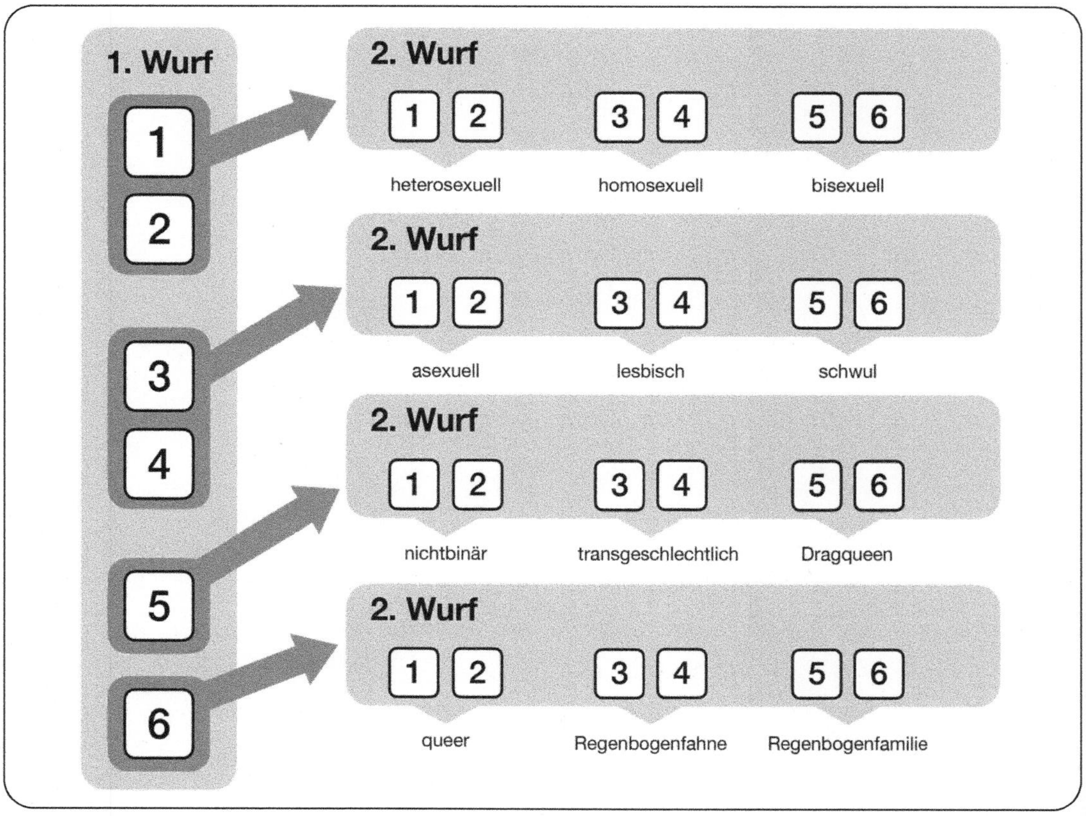

K.L.A.R.

© kebox – stock.adobe.com

Bunt zusammengewürfelt 2/2

Lösungen

Schneidet die Zeilen entlang der gestrichelten Linien vom rechten Rand her ein und faltet sie entlang der gepunkteten Linie nach hinten um. Klappt sie nach vorn, um eine Erklärung zu überprüfen oder euren Gruppenmitgliedern Hinweise zu geben.

heterosexuell	Eine Person liebt nur Menschen des anderen Geschlechts. *Beispiel:* Frauen, die nur Männer lieben
homosexuell	Eine Person liebt nur Menschen des eigenen Geschlechts. *Beispiel:* Frauen, die nur Frauen lieben
bisexuell	Eine Person liebt sowohl Frauen als auch Männer.
asexuell	Eine Person will in ihrem Leben keinen Sex haben.
lesbisch	Frauen, die Frauen lieben
schwul	Männer, die Männer lieben
nichtbinär	Eine Person identifiziert sich weder als Mann noch als Frau.
transgeschlechtlich	Eine Person identifiziert sich mit einem anderem Geschlecht als dem ihres Körpers.
Drag Queen	Männer, die in besonderen Bühnenshows als auffällige Frauen auftreten, im Alltag jedoch eher keine Frauenkleidung tragen
queer	Allgemeiner Begriff für Menschen, deren Geschlechtsidentität und/oder sexuelle Orientierung nicht der vermeintlichen gesellschaftlichen Norm entsprechen.
Regenbogenfahne	Symbol für queere Menschen; wird auch als Symbol gegen Diskriminierung benutzt, um zu signalisieren, dass man queere Menschen unterstützt.
Regenbogenfamilie	Familien, in denen mindestens ein Familienmitglied queer ist

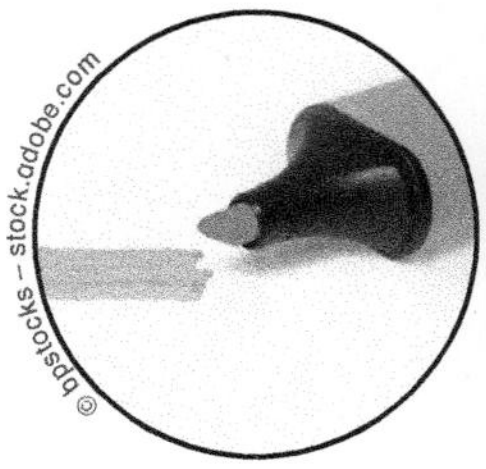
© bpstocks – stock.adobe.com

Drei Monate später

1. **Lies Kapitel 23 noch einmal. Achte dabei besonders auf Textstellen, an denen du etwas über die Reaktionen anderer Leute zum Thema Coming Out erfährst.**

2. **Wie kommen die folgenden Personen mit Samuels Coming Out und den Themen Homosexualität und Outing allgemein zurecht?**

   a) Übernimm die Namen aus dem Wortspeicher in dein Lektüre-Arbeitsheft oder auf ein Blatt. Fasse zu jeder Person in kurzen Sätzen zusammen, was du im Text über ihre Einstellung erfährst.
   Notiere auch die jeweiligen Seiten- und Zeilenangaben der passenden Textstellen.

   Samuels Eltern ⚬ Annas Eltern ⚬ Jonas' Kumpel ⚬ Herr Lohmann ⚬ Özcan ⚬ Trainer Ralf ⚬ Samuel ⚬ Dilan ⚬ Anna

   b) Vergleicht eure Ergebnisse im Plenum.

3. **In welchen Punkten hat sich Samuel deiner Meinung nach seit Beginn des Romans verändert? Male die entsprechenden Felder mit Bleistift an. Vergleicht danach eure Ergebnisse im Plenum.**

Spaß an Basketball	Zufriedenheit mit sich selbst	Gefühl, akzeptiert zu werden
Fähigkeit, Freund/-innen zu finden	Spaß an Videospielen	Wohlfühlen in der Schulklasse
Umgang mit anderen Menschen	Verhältnis zu den eigenen Eltern	Verständnis für die Probleme anderer

4. **Nach ein paar Jahren wird Samuel der Nachfolger von Fabienne und Jugendgruppenleiter im Jugendtreff. Er erzählt in Vorstellungsrunden oft von seinem eigenen Coming Out.**
   Versetze dich in ihn hinein und fasse die Geschichte seines Coming Outs kurz in deinem Lektüre-Arbeitsheft oder auf einem Blatt zusammen.

© kebox – stock.adobe.com

Queere Historie

1. Findet euch in Gruppen von 3–4 Personen zusammen.

a) Lest die folgende Liste bedeutender Ereignisse. Recherchiert im Internet, wann sie jeweils stattgefunden haben, und notiert Datum oder Jahreszahl.

b) Sortiert die Ereignisse in chronologischer Reihenfolge, beginnend mit dem frühesten Ereignis. Notiert rechts die entsprechenden Zahlen 1–10.

A	In den Niederlanden wird die gleichgeschlechtliche Ehe ermöglicht. *Datum/Jahr:*	
B	In Deutschland wird die gleichgeschlechtliche Ehe ermöglicht. *Datum/Jahr:*	
C	In Deutschland wird Paragraph 175 abgeschafft, der Homosexualität zwischen Männern verbietet. *Datum/Jahr:*	
D	Das Bundesverfassungsgericht entscheidet, dass es eine dritte Geschlechtsoption geben muss. *Datum/Jahr:*	
E	Die Weltgesundheitsorganisation (WHO) streicht Homosexualität von der Liste der Krankheiten. *Datum/Jahr:*	
F	Die Weltgesundheitsorganisation (WHO) streicht Transgeschlechtlichkeit von der Liste der Krankheiten. *Datum/Jahr:*	
G	In New York kommt es zu den „Stonewall-Aufständen“. *Datum/Jahr:*	
H	In Bremen findet der erste Christopher Street Day in Deutschland unter dem Namen „Schwuler Karneval“ statt. *Datum/Jahr:*	
I	Das sogenannte „Transsexuellengesetz“ wird eingeführt. *Datum/Jahr:*	
J	Zum ersten Mal einigen sich bei einer Regierungsbildung Parteien im Koalitionsvertrag auf das Ziel, ein Gesetz zu verabschieden, das allen Menschen ermöglicht, ihre Geschlechtsidentität auf Ausweisdokumenten völlig frei zu wählen. *Datum/Jahr:*	

2. Stellt den anderen Gruppenmitgliedern eure Ergebnisse vor. Geht dabei auch auf das Ereignis ein.

© kebox – stock.adobe.com

ALLE KAPITEL

7 Tipps für Helferinnen und Helfer

Eine Person aus deinem Freundeskreis hat Schwierigkeiten wegen der eigenen sexuellen Orientierung oder Geschlechtsidentität und du willst helfen? Dann sind hier einige Tipps für dich.

1. Frage nach!
Sprich die Person an und frage sie, ob deine Hilfe gewollt ist.
Wenn ja, kläre früh mit der betroffenen Person ab, wie du dich verhalten sollst und was du tun kannst. Frage z. B., wem du von der Situation erzählen darfst, damit ein Fremd-Outing vermieden wird.

2. Sei geduldig!
Gib der Person Zeit, sich zu öffnen und die richtigen Worte zu finden. Gefühle zu kommunizieren, ist nicht immer leicht. Zeige, dass du für sie da bist und sie unterstützt, ohne dabei zu erwarten, dass die Person alles mit dir teilt.

3. Sei verständnisvoll!
Die Probleme anderer nachzuvollziehen, ist nicht immer einfach.
Nimm die betroffene Person trotzdem ernst und sei verständnisvoll, wenn sie Ängste und Sorgen mit dir teilt.

4. Sei einfühlsam!
Versuche nicht, die Gefühle der Person zu interpretieren oder ihr gar zu erklären, wie sie fühlen und denken soll. Höre aufmerksam zu, erkenne die Gefühle an und frage, was du tun kannst, um zu unterstützen.

5. Biete Hilfe an!
Schlage z. B. vor, die betroffene Person in schwierigen Situationen zu begleiten, etwa beim Coming Out vor der Familie oder dem ersten Besuch einer queeren Jugendgruppe.

6. Kenne deine Grenzen!
Es kann belastend sein, die Sorgen und Ängste anderer zu teilen.
Achte auch auf deine eigene mentale Gesundheit. Du bist nicht verpflichtet, jederzeit für die betroffene Person da zu sein.

7. Suche Unterstützung!
Nehmt professionelle Hilfe in Anspruch, wenn ihr nicht weiterwisst.
Die erste Anlaufstation kann eine Vertrauensperson aus der Schule sein, z. B. eine Lehrkraft oder ein/-e Schulsozialarbeiter/-in.
Auf der Website *meincomingout.de/vor-ort/* gibt es eine Übersicht mit Beratungsangeboten in deiner Umgebung.

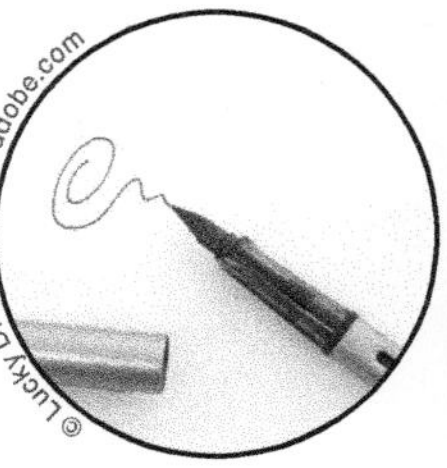

© Lucky Dragon – stock.adobe.com

ALLE KAPITEL

Einen Brief an die Autorin schreiben

1. Autorinnen und Autoren freuen sich meist über eine ehrliche Rückmeldung zu ihren Büchern.

a) Beantworte die folgenden Fragen stichpunktartig in deinem Lektüre-Arbeitsheft oder auf einem Blatt.
- Wie war das Lesen des Romans für dich?
- War das Thema „Coming Out“ grundsätzlich interessant?
- Konntest du mit den Figuren mitfühlen?
- Welche Aspekte haben dir besonders gut gefallen?
- Gab es Dinge, die dir nicht gefallen haben?
- Gibt es etwas, das neu für dich war oder das du durch die Lektüre des Romans gelernt hast?
- Welche Fragen sind am Ende offengeblieben, die du der Autorin gerne stellen würdest?

★ **b)** Tauscht euch zu zweit oder gemeinsam in der Klasse über eure Antworten aus.

2. Lies den folgenden Merkkasten.

MERKE Einen Brief schreiben
Ein Brief besteht aus verschiedenen Teilen. Der **Briefkopf** enthält Ort und Datum. Diese Angaben stehen am rechten Seitenrand. Mit der **Anrede** beginnt der Brief. Je nachdem, wie gut man die Person kennt, schreibt man „Sehr geehrte(r) …“, „Liebe(r) …“ oder einfach nur „Hallo …“. Danach folgt der **Brieftext**, also alles, was man schreiben möchte. Siezt man die Person, an die sich der Brief richtet, müssen die **Anredepronomen** „Sie“ und „Ihr“ **großgeschrieben** werden. Am Ende steht eine **Grußformel**, z. B. „Viele Grüße“ oder „Mit freundlichen Grüßen“, und darunter die eigene **Unterschrift**.

3. Formuliere deine Notizen aus Aufgabe 1a zu einem Brief an die Autorin Kyra Weider aus. Schreibe auf ein Blatt, um den Brief tatsächlich an die Autorin zu verschicken!

TIPP
Die Briefe eurer Klasse könnt ihr zusammen in einem Briefumschlag an die folgende Adresse senden:
Verlag an der Ruhr
z. Hd. Kyra Weider
Postfach 102251
45422 Mülheim an der Ruhr

K.L.A.R.

© sk design – stock.adobe.com

Lösungen

*Nicht für alle Aufgaben können Lösungen angeboten werden. Vor allem kreative Aufgaben werden von den Schüler*innen individuell gelöst, daher gibt es in solchen Fällen keine Standardlösung. Für die übrigen Aufgaben finden Sie hier die Lösungen!*

Seite 7

Einstieg Das Zeilenlineal

Aufgabe 2:

a) Seite 3, Zeile 9 **b)** Seite 3, Zeile 17 **c)** Seite 4, Zeile 8-9
d) Seite 5, Zeile 14-15 **e)** Seite 6, Zeile 18

Seite 8

Kapitel 1 und 2 Samuel – Die Hauptfigur

Aufgabe 2: *(mögliche Lösung)*

- langweilt sich in der Schule
- hat 2-mal pro Woche Training
- keine guten Noten in Mathe
- spielt Basketball
- findet den Mathelehrer nett
- kriegt Sonderaufgaben

Aufgabe 3:

Zeit in der Schule verbringen	☹
Basketballtraining	☺
Herr Lohmann (Mathelehrer)	☺
Die anderen in der Klasse	😐
Mathematik	☹
Dilan	☺
Jonas	**?**
Computer spielen	☺
Die anderen im Basketballteam	☺

Seite 10 f.

Kapitel 1 und 2 Beschimpfung und Verunglimpfung

Aufgabe 1c: *(mögliche Lösung)*

Leon will ausdrücken, wie nervig Lehrkräfte sein können. Die Aufgaben sind vielleicht gut gemeint, aber machen Samuel mehr Arbeit. Mit der Aussage gegen den Lehrer will er vielleicht zeigen, dass er Samuels Frust darüber versteht.

Aufgabe 3d: *(mögliche Lösung)*

(Schimpf-)Wort	wörtliche Bedeutung	Verunglimpfung von …
behindert	eingeschränkt, gehandicapt	Menschen mit Behinderung
Schlampe	Sexarbeiter*in	Frauen
Spasti(ker)	Person mit spastischen Symptomen	Personen mit spastischen Symptomen

Seite 12

Kapitel 3 Samuel und Dilan

Aufgabe 2

a) Hoffentlich ist Dilan wieder fit, mit ihm macht es immer am meisten Spaß.
b) Auch er kennt meinen Mathelehrer nicht, weil er ja auf eine andere Schule geht.
c) Soll ich ihm sagen, dass ich gerade an ihn gedacht habe?
d) „Ist es okay für dich, wenn ich mitlaufe?“

Aufgabe 3: *(mögliche Lösung)*

a) Samuel und Dilan kennen sich vom Basketballtraining. *(S. 11, Z. 18–22)*
b) Dilan ist anders als die anderen Freunde von Samuel, weil er Samuel wirklich zuhört und er sich bei Dilan nicht verstellen muss. *(S. 13, Z. 16–21)*
c) Die Leute aus seiner eigenen Schulklasse kann Samuel nicht so gut leiden, weil sie alle so zurückhaltend sind. *(S. 11, Z. 8–10)*
d) Samuel macht sich Sorgen wegen seiner Mathe-Aufgaben. *(S. 13, Z. 23–24 und S. 14, Z. 1)*

© sk-design – stock.adobe.com

Lösungen

Seite 13

Kapitel 4 Ein besonderes Training

Aufgabe 2

a) Weil er davon abgelenkt wird, dass Dilan mit einem anderen Spieler aneinandergerät.
b) Dass er Samuel auf der Ersatzbank behält.
c) Er will einfach nur nach Hause.
d) Auf Ralfs schlechte Laune.
e) Dass er dunkle Haut hat.
f) Dass sich Dilan mit ihm im Park treffen möchte.

Seite 14

Kapitel 4 Die Frauen im Handball

Aufgabe 1c:

Seite 16, Zeile 5-7: „Soll ich dich wieder zu den Kindern schicken? Oder vielleicht lieber gleich in die Mädchen-Mannschaft?“

Seite 15 f.

Kapitel 4 Frauenfeindlichkeit

Aufgabe 2a: *(mögliche Lösung)*

„Sexismus“ bedeutet, dass eine Gruppe von Menschen aufgrund ihres Geschlechts systematisch/gezielt diskriminiert/benachteiligt wird.

Aufgabe 2b: *(mögliche Lösung)*

Eine Frau bewirbt sich nach Abschluss ihrer Ausbildung zur Fachinformatikerin bei zehn Unternehmen, wird aber nur von zwei Unternehmen zum Bewerbungsgespräch eingeladen. Ein Mann mit derselben Ausbildung und denselben Noten wird von allen zum Bewerbungsgespräch eingeladen.

Aufgabe 5: *(mögliche Lösung)*

- Initiativen für Mädchen und Frauen in technischen Berufen unterstützen (z. B. Tech4Girls e. V.)
- Mädchen schon an Schulen für MINT-Fächer begeistern
- jährliche Girl's und Boy's Days
- bei Schulpraktika Mädchen und Jungs zu „untypischen“ Berufen ermutigen

Seite 17

Kapitel 5 Warten auf Antwort

Aufgabe 1:

1) Patentante *(S. 23, Z. 22)*
2) Englisch *(S. 24, Z. 3)*
3) Karteikarten *(S. 25, Z. 7–9)*
4) Grün *(S. 25, Z. 12)*
5) Rucksack *(S. 26, Z. 6–7)*
6) Freitag *(S. 27, Z. 5)*
7) Pausenhof *(S. 28, Z. 4)*
8) Rassismus *(S. 25, Z. 18, 21)*

Seite 18

Kapitel 5 Yuki und Anna

Aufgabe 2: *(mögliche Lösung)*

Yuki	Anna
kann selbstbewusst vortragen *(S. 25, Z. 12–14)*	eher unsicher bei Vorträgen *(S. 25, Z. 10–12)*
grüne Augen *(S. 25, Z. 12)*	hält mit Yuki gemeinsam das Referat *(S. 25, Z. 5–6)*
engagiert gegen Rassismus *(S. 29, Z. 13–14)*	
sehr enthusiastisch *(S. 26, Z. 8)*	eher schüchtern *(S. 27, Z. 23–24)*
hat sich viel Mühe gegeben *(S. 29, Z. 9–13)*	hat sich viel Mühe gegeben *(S. 29, Z. 9–11)*

© Verlag an der Ruhr | Autor: Oliver Hust | www.verlagruhr.de

© sk design – stock.adobe.com

Lösungen

Seite 19

Kapitel 6 Dilans Tagebuch

Aufgabe 2:

Bus / Basketballspielen / erledigen musste / spät / Nachricht / Korbleger / Kraft aus den Beinen / ein rotes (Holzfäller-)Hemd / (irgendwelche Spiele) zocke / „Sea of Thieves“ / „Mario Party“ / Schlüsselbeinbruchs / Lieblingsspiel / Studierender / Quatsch / Geburtstag / Geschwisterchen

Seite 20

Kapitel 6 Das „Geschwisterchen“

Aufgabe 1a:

- hat gestern Referat gehalten
- ist ungefähr so alt wie Dilan

Aufgabe 1b: *(mögliche Lösung)*

Man erfährt nicht, ob es ein Bruder oder eine Schwester ist.
Dilan spricht immer nur von „Geschwisterchen“ und das ist ein geschlechtsneutraler Begriff.

Aufgabe 2b: *(mögliche Lösung)*

Das Geschlecht von Dilans „Geschwisterchen“ hat *wenig* Einfluss auf die Freundschaft von Samuel und Dilan, weil *Sam bloß mehr über Dilan selbst erfahren will. Trotzdem wundert ihn dessen Geheimniskrämerei.*

Aufgabe 3: *(mögliche Lösungen)*

- Geschlechter sind Dilan egal.
- Das Geschwisterchen will nicht, dass Dilan über sein / ihr Geschlecht redet.
- „Geschwisterchen“ ist bloß ein Kosename.
- Das „Geschwisterchen“ fühlt sich keinem der beiden Geschlechter (männlich/weiblich) zugehörig und verzichtet deshalb auf Wörter wie „Bruder“ oder „Schwester“.

Seite 21 f.

Kapitel 6 Sprache verändert sich

Aufgabe 2a:

A. ×, B. ✓, C. ✓, D. ×, E. ✓, F. ×, G. ×, H. ✓, I. ×

Aufgabe 2b: *(mögliche Lösung)*

A. Die deutsche Sprache verändert sich immer wieder / regelmäßig.
D. Neue Wörter und Formulierungen entstehen plötzlich ganz schnell.
F. Das Gendern ist eine aktuelle Veränderung der deutschen Sprache.
G. Mit dem Gendern drückt man aus, dass es viele Geschlechter gibt / dass Personen aller Geschlechter gemeint sind.
I. Wenn es keine neutrale Alternative gibt, verwendet man zum Gendern das Schreiben mit Genderstern / die Sternchen-Schreibweise.

Seite 23 f.

Kapitel 6 Geschlechtsneutrale Sprache

Aufgabe 2b: *(mögliche Lösung)*

1) viele Beamtinnen und Beamte
2) die Lehrkräfte / Lehrenden / Unterrichtenden
3) über 200 Polizist*innen
4) die Busfahrys
5) viele Expertinnen

© sk_design – stock.adobe.com

Lösungen

Seite 23 f. **Aufgabe 3:** *(mögliche Lösung)*

		Vorteile	Nachteile
1	Paarform	Kein Geschlecht bevorzugt, insbesondere die Männer nicht; wirkt grammatikalisch sehr „ungezwungen“	Sätze werden dadurch sehr lang, binäres Geschlechtersystem wird impliziert
2	Neutrale Alternative	Stellen wirklich keine Präferenz im Geschlecht dar, also auch neutral gegenüber nichtbinären Leuten	Ist nicht immer einfach, da ein Synonym zu finden; ist manchmal sehr konstruiert und holprig
3	Gender-sternchen	Das Sternchen impliziert, dass es jenseits des binären Geschlechter-systems weiter geht; ist sehr nah am generischen Femininum, ist also relativ leicht in der Handhabung	Aussprache kann ungewohnt klingen bzw. erfordert Gewöhnung, Pronomen werden holprig, wird immer wieder politisiert
4	Generisches Neutrum mit -y	Ist sehr leicht zu konstruieren, kurz und bevorzugt kein Geschlecht	Erfordert enorme Eingewöhnung, kann „verharmlosend“ wirken
5	Generisches Femininum	Rückt weibliche Personen in den Fokus und schafft so mehr Sichtbarkeit	Wieder die Bevorzugung eines bestimmten Geschlechts, die man ja eigentlich abschaffen will; kann zu Missverständnissen führen wie generisches Maskulinum

Seite 26

Kapitel 7 Dilans Geburtstagsfeier

Aufgabe 1:

~~Jonas~~ → Yuki
~~den Keller~~ → das Wohnzimmer
~~eine schwarze Hose~~ → ein dunkelgrünes Hemd
~~einer kleinen Tüte~~ → einem Karton
~~sehr gefällt~~ → (gar) nicht gefällt
~~nicht Ideen für ein besseres Geschenk hatte~~ → viel Geld ausgeben musste
~~klopft ihm Dilan auf die Schulter~~ → umarmt ihn Dilan kurz
~~ins Wohnzimmer~~ → in die Küche
~~Wasser~~ → Limo
~~Samuel fragt~~ → Dilan fragt
~~das Geschwisterchen ist~~ → ihm die Tür geöffnet hat

Seite 27

Kapitel 7 Ungewohnte Familienverhältnisse

Aufgabe 2a:
Alle Optionen sind mit „Ja“ anzukreuzen.

Aufgabe 2b: *(mögliche Lösung)*
Patchwork-Familie: Wenn zwei Erwachsene mit ihren Kindern zusammenleben, die aus einer früheren Beziehung stammen.
Wahlfamilie: Wenn man ohne Blutsverwandtschaft mit Leuten, die einem nahestehen, zusammenlebt.
Regenbogenfamilie: Eine Familie, in der mindestens ein Mitglied queer ist (meistens die Eltern)
Verantwortungsgemeinschaft: Möglichkeit, der Wahlfamilie eine eheähnliche rechtliche Absicherung zu geben

© Verlag an der Ruhr | Autor: Oliver Hust | **www.verlagruhr.de**

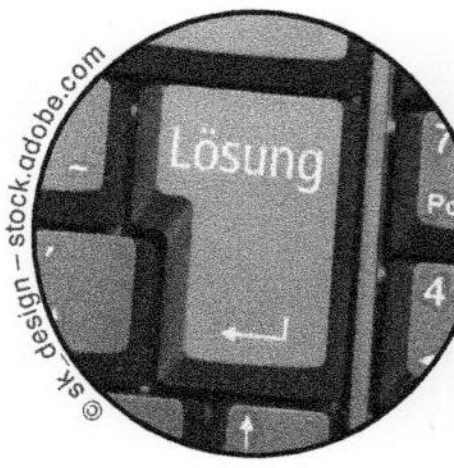

© sk design – stock.adobe.com

Lösungen

Seite 28

Kapitel 8 Wer ist Lara?

Aufgabe 2:

a) In der Schule.
b) Weil sie den Geschmack nicht mag.
c) Beide haben sich schon einmal mit Dilan im Park getroffen.
Beide kennen Yuki. Sie sind beide im selben Basketballverein.
d) keine richtige Antwort
e) Weil er den Müll rausbringen will.

Aufgabe 3: *(mögliche Lösung)*
Wenn Dilan dabei ist, schenkt sie Samuel kaum Beachtung und ist irgendwie abweisend.
Wenn sie mit ihm allein ist, spricht sie mit ihm und stellt ihm Fragen.

Seite 29

Kapitel 9 Samuels Gefühlschaos

Aufgabe 2: *(mögliche Lösung)*

a) Er ist überrumpelt vom Gefühl der Eifersucht.
b) Yuki, Dilan, Jonas
c) Sie reden offen miteinander und nehmen sich gegenseitig ernst.
d) Yuki erkennt, dass Samuel aus irgendeinem Grund emotional belastet ist, und hofft, draußen ungestört mit ihm reden zu können.

Aufgabe 3: ~~Gartentisch~~, ~~Bierflasche~~

Seite 32

Kapitel 10 Geschlechtsidentität

Aufgabe 2:

a) er, ihm / sie, ihr / sier, siem und dey, dem
b) gelesene
c) Aussehen
d) ihrem Geschlecht / ihren Pronomen

Seite 33

Kapitel 10 Neue Pronomen

Aufgabe 1b:
Personalpronomen: ich, du, er/sie/es und wir, ihr, sie
Possesivpronomen: meine, deine, seine/ihre/seine und unsere, eure, ihre

Aufgabe 1e:
sier / siem

S. 34 f.

Kapitel 10 Heteronormativität und queere Menschen

Aufgabe 1a: *(mögliche Lösung)*
LGBTQ: Die englische Abkürzung steht für „**L**esbian, **G**ay, **B**isexual, **T**ransgender, **Q**ueer"
Community: Der Begriff beschreibt eine Gemeinschaft oder Gruppe von Menschen, die eine Gemeinsamkeit teilen, wie z. B. queer zu sein.
Queer ist ein Oberbegriff, für alle Menschen, die nicht heterosexuell sind.

Aufgabe 1b: *(mögliche Lösung)*
Die meisten Leute sind heterosexuell, das heißt, sie verlieben sich in Personen mit dem je anderen Geschlecht als ihr eigenes. Männer verlieben sich dann in Frauen und Frauen in Männer. Es gibt aber auch Menschen, die sich in Personen mit demselben Geschlecht verlieben.

© sk-design – stock.adobe.com

Lösungen

Seite 34 f. Dann lieben Männer andere Männer und Frauen andere Frauen. Das nennt man auch homosexuell. Einige homosexuelle Menschen bezeichnen sich selbst als queer. „Queer“ ist ein englisches Wort. Es bedeutet wörtlich so etwas wie „schräg“ oder „anders“. Mit dem Wort „queer“ drücken homosexuelle und andere Menschen aus, dass sie nicht dem typischen Bild der Gesellschaft entsprechen. Sie drücken auch aus, dass sie zusammengehören und Teil der queeren Community sind – also Teil einer besonderen Gruppe.

Aufgabe 4:
A, B und C sind heteronormativ, da sie durch die Beschreibung und die Bilder vor allem heterosexuelle Partnerschaften abbilden.

Seite 36

Kapitel 11 und 12 Leugnen

Aufgabe 1b: B, C, E, I

Aufgabe 1c:
A: „– ich finde es einfach nur ungewohnt.“ *(S. 64, Z. 5–6)* und „Die beiden Jungs sahen so sorglos aus.“ *(S. 64, Z. 21–22)*
D: „Was, wenn Dilan und ich – haha, wie absurd, wir würden doch niemals knutschen.“ *(S. 64, Z. 7–9)* und „Das heißt ja nicht, dass ich auch einen Jungen küssen will – oder?“ *(S. 65, Z. 2f.)*
F: „Was passiert hier?“ *(S. 66, Z. 1)*
G: „Benutzt Lara überhaupt sie und ihr als Pronomen?“ *(S. 66, Z. 22f.)*
H: „Ich bin eifersüchtig.“ *(S. 67, Z. 9)*

Aufgabe 2: 6-mal

Aufgabe 3a: *(mögliche Lösung)*
- möchte die Wahrheit noch nicht wahrhaben
- verdrängt den Gedanken, schwul zu sein – vielleicht aus Angst
- mit Homosexualität kommen viele Vorurteile
- hofft vielleicht, es noch ändern zu können

Aufgabe 4a: *(mögliche Lösung)*
Samuel ist nicht ganz ehrlich, weil er selbst noch gar nicht versteht, was los ist. In diesem Moment ist er zum ersten Mal mit seinen Gefühlen konfrontiert. Er ist sich noch unsicher und nicht bereit, die Wahrheit auszusprechen. Außerdem hat er Angst davor. Es bringt viele Vorurteile mit sich, wenn man offen homosexuell ist, weil manche Menschen damit ein Problem haben. Das ist auch ein Risiko. Und auch wenn er Jonas aus der Schule und dem Training kennt, kann er nicht sicher sein, ob er ihm vertrauen kann.

Seite 37

Kapitel 13 Irgendetwas muss ich doch tun!

Aufgabe 2: *(mögliche Lösungen)*
00:37 Uhr: Stress zu Hause ist
00:44 Uhr: die Familie / Geheimnis
00:51 Uhr: Lara / Dilan
01:34 Uhr: Warum schreibt er „ihn“? Ist Samuel etwa in Dilan verliebt?

© sk_design – stock.adobe.com

Seite 38

Kapitel 14 Verwirrung

Aufgabe 2: *(mögliche Lösung)*

a) Die Antwort ist sehr gut und einfühlsam. Philoserus gibt gute Ratschläge, indem er sagt, dass Samuel auf seinen Bauch hören soll.

b) Nein, zumindest keine Antwort, die jemand anders als Samuel geben kann. Er muss selbst wissen, was er fühlt.

c) Nur er allein kann entscheiden und wissen, ob er schwul ist. Niemand anderes kann das für ihn tun.

d) Die meisten Menschen in der Gesellschaft sind heterosexuell, deshalb gilt es als Norm. Er ist auch sein ganzes bisheriges Leben davon ausgegangen, genauso zu sein wie die meisten anderen. Dass er jetzt eine andere Sexualität hat, verunsichert ihn und deshalb zweifelt er. Es ist aber genauso normal, homosexuell oder queer zu sein.

e) „Normal" bedeutet „der Norm entsprechend", also so zu sein, wie die meisten anderen. Durch Traditionen und Gewohnheiten werden Normen konstruiert und meistens ist es einfacher und besser, dieser Norm zu entsprechen. Aber nicht alle Menschen können oder wollen das. Es ist also wichtig, Normen zu hinterfragen – auch weil Normen durch die Menschen selbst beeinflusst und verändert werden.

Seite 39

Kapitel 14 Queerfeindlichkeit

Aufgabe 1: *(mögliche Lösung)*

Der §175 galt nur für Männer, weil die Politik von damals Frauen keine sexuelle Identität zugetraut hat. Dennoch wurden queere Frauen durch Unsittlichkeitsparagraphen angeklagt.

Aufgabe 2:

Alle Sätze außer dem zweiten sind queerfeindlich.

Aufgabe 3: *(mögliche Lösung)*

Ja, die Äußerung ist homophob. Indem Jonas Samuel als „krank" bezeichnet setzt er Homosexualität mit einer Krankheit gleich. Tatsächlich war Homosexualität lange Zeit fälschlicherweise als Krankheit im Verzeichnis der Weltgesundheitsorganisation (WHO) aufgelistet. Spezielle traumatische und grausame Therapien und Behandlungen wurden angewandt, um die Homosexualität zu „heilen". Das war falsch und ist heute verboten. Seit 1992 ist Homosexualität auch offiziell keine Krankheit mehr. Durch seine Äußerung reproduziert Jonas jedoch dieses alte Vorurteil.

Seite 40

Kapitel 15 Schnipseljagd

Aufgabe 1:

1 → B	2 → G	3 → H	4 → A	
5 → C	6 → D	7 → I	8 → E	9 → F

Seite 41 f.

Kapitel 15 Ein Coming Out

Aufgabe 2:

a) Dass sie nicht nur auf das andere Geschlecht stehen.
Dass sie sich nicht mit dem Geschlecht identifizieren, das ihnen bei Geburt zugewiesen wurde.

b) Weil sie nach dem Coming Out nicht mehr alle anderen Menschen permanent anlügen müssen.
Weil sie hoffen, sich durch das Outing wohler im Alltag zu fühlen.

c) Weil sie lange Zeit brauchen, um zu verstehen und sich einzugestehen, dass sie queer sind.
Weil sie Angst vor negativen Reaktionen im sozialen Umfeld haben.
Weil es manchmal Überwindung kostet, mit anderen Menschen über intime Gefühle zu reden.

© Verlag an der Ruhr | Autor: Oliver Hust | www.verlagruhr.de

Lösungen

Seite 41 f.

d) Niemand anderes als die queere Person selbst.

e) Indem man die queere Person mit ihren Problemen nicht allein lässt.
Indem man die queere Person bei Anfeindungen verteidigt.

Aufgabe 4:
Nur die letzte Situation beschreibt ein offizielles Coming Out. In den übrigen Situationen würde ein Coming Out auf Mutmaßung, Unterstellung und auf Gerüchten beruhen, da sich die Personen nicht direkt und persönlich dazu geäußert haben.

Seite 43

Kapitel 16 Yukis und Samuels Coming Out

Aufgabe 1a:

Yuki:	klopft auf die Schulter	**Samuel:**	„Ich weiß nicht, ob ich es schaffe."
	tritt als erstes nach vorn		steht ganz am Rand
	ist stolz		hat lauten Herzschlag
	spricht selbstbewusst		möchte nicht auffallen
	nickt aufmunternd		ist angespannt
	erklärt in Ruhe		„Es gibt kein Zurück."
			fasst sich kurz
			überwindet sich

Seite 44

Kapitel 17 und 18 Die Reaktionen auf das Coming Out

Aufgabe 1a:
Yuki: sehr unterstützend, outet sich mit Sam, nimmt seine Hand, ist stolz auf ihn, lädt ihn zum Mittagessen ein
Herr Lohmann: freundlich, wohlwollend, beschreibt es als „mutig", hört noch mal bei Sam nach, besteht auf Strafe für Jonas und die „Stressmeiers"
Jonas und die Zwillinge: aggresiv, feindselig, bedrohen Samuel, kriegen Ärger, fliegen von der Schule
Samuels Klasse: ruhig, nicken und lächeln, bleiben neutral

Aufgabe 2:
a) Yukis Idee **b)** Dilan **c)** Über sein Referat

Seite 45

Kapitel 19 Sätze sortieren

Aufgabe 1:

4	Im Zimmer schaut sich Samuel neugierig um und entdeckt einen alten Nintendo DS.
14	Dilan verspricht Samuel, dass sie Freunde bleiben.
7	Samuel erinnert sich, warum er mit Dilan sprechen wollte.
10	Samuel überwindet sich und erzählt von dem Chat mit Jonas und seinem Angriff in der Schule.
1	Samuel geht die Treppe nach oben.
5	„Ist er doch noch aufgetaucht?", willl Samuel wissen.
3	Dilan macht ihm direkt die Tür auf.
15	Die beiden verabreden sich, um gemeinsam „Mario Party" auf ihren Nintendo DS zu spielen.
8	Er setzt sich vor Dilan auf den Boden und nimmt all seinen Mut zusammen.
6	Dilan erklärt, dass es Yukis DS ist und er ihn geliehen hat.
13	Weil er in Lara verliebt ist, kann er jedoch die Gefühle nicht erwidern.
2	Nervös klopft er an Dilans Tür und fragt, ob er reinkommen kann.
12	Samuel gibt auch zu, dass es Dilan ist, in den er sich verliebt hat.
9	Von Jonas oder Yuki hat Dilan noch nichts gehört. Er weiß nicht, worum es geht.
11	Als er fertig ist, nimmt Dilan ihn tröstend in den Arm.

© Verlag an der Ruhr | Autor: Oliver Hust | www.verlagruhr.de

© sk design – stock.adobe.com

Lösungen

Seite 46

Kapitel 20 Soll ich oder soll ich nicht?

Aufgabe 1:

Samuel:
- „Sea of Thieves" spielen
- über Omas Geburtstag reden
- Freunde anlügen

Samuels Vater:
- Staub saugen
- über Omas Geburtstag reden

Özcan:
- „Sea of Thieves" spielen
- fragen, wie es den anderen geht

Leon:
- „Sea of Thieves" spielen
- „schwul" als Schimpfwort nutzen

Seite 47

Kapitel 21 Ist Leon queerfeindlich?

Aufgabe 1: *(mögliche Lösung)*
- denkt, er kann Menschen anhand ihres Tonfalls einschätzen
- nimmt ungern Rücksicht auf andere
- redet sich raus mit: „Ich rede halt gerne Blödsinn"
- beleidigt Freunde gerne zum Spaß
- kennt seine Grenzen nicht

Aufgabe 2: *(mögliche Lösung)*
Ich finde, Leons Verhalten ist ziemlich homophob, weil er „schwul" als Schimpfwort benutzt. Damit missachtet er die Gefühle anderer, wie zum Beispiel die von Samuel.
Leon ist allgemein ein unsensibler Mensch, daher kann es sein, dass er nicht absichtlich oder gezielt homophob ist, sondern einfach unreflektiert. Trotzdem verhält er sich homophob.

Aufgabe 3: *(mögliche Lösung)*
Leon, ich wollte dir noch mal sagen, dass ich es nicht okay finde, was du zu Samuel gesagt hast. Ganz egal, ob Sam dabei ist oder nicht: Es ist einfach uncool, „Schwuchtel" zu sagen und „schwul" als Schimpfwort zu benutzen. Das verletzt Leute. Nimm einfach mal Rücksicht! Samuel ist schon so lange unser Kumpel, da wäre es jetzt an der Zeit, dein Verhalten zu ändern.

Seite 48

Kapitel 22 Die queere Jugendgruppe

Aufgabe 1:
~~mit Dilan~~ → mit Yuki
~~Michi ist der Betreuer~~ → Fabienne ist die Betreuerin
~~das festgestellt~~ → das nicht festgestellt
~~ganz anders als~~ → ganz ähnlich wie
~~Video-Spiele~~ → Brettspiele und Karten
~~stellen~~ → setzen
~~einen Redestein~~ → ein Kuscheltier / ein Einhorn / Horny
~~unsympathisch~~ → nett
~~Schach~~ → Karten
~~19 Uhr~~ → 20 Uhr
~~Alex~~ → Yuki
~~fahren dann mit dem Bus~~ → gehen dann durch den Park

© sk_design – stock.adobe.com

Lösungen

Seite 51

Kapitel 23 Drei Monate später

Aufgabe 2: *(mögliche Lösung)*

Samuels Eltern:
- entspannt & locker (S. 129, Z. 15–20)
- haben überraschend eine Regenbogen-Fahne gekauft (S. 129, Z. 20–23)
- plaudern über den Jugendtreff und sind interessiert (S. 130, Z. 2–7)

Annas Eltern:
- tun sich mit dem Thema schwer (S. 129, Z. 12–14)

Jonas' Kumpel:
- machen dumme Kommentare (S. 130, Z. 18–22)

Herr Lohmann:
- erkundigt sich regelmäßig (S. 130, Z. 16–18)
- kümmert sich um Samuel (S. 131, Z. 6–7)

Özcan:
- hat Kontakt zu Leon abgebrochen und ist Samuel gegenüber loyal (S. 131, Z. 20–23)

Trainer Ralf:
- macht sich lustig (S. 132, Z. 15–19)
- wechselt die Trainerstelle (S. 132, Z. 22–24)

Samuel:
- macht sich Sorgen, immer wieder ein Coming Out haben zu müssen (S. 132, Z. 1–3)
- ist viel entspannter (S. 133, Z. 13)
- hat Kontrolle zurück (S. 133, Z. 9–11)
- dankbar für seine Eltern und Freunde (S. 130, Z. 8–9)

Dilan:
- steht zu Samuel und verteidigt ihn auch vor anderen (S. 132, Z. 19–21)

Anna:
- hat sich dank Samuel überwunden (S. 129, Z. 4–7)

Seite 52

Alle Kapitel Queere Historie

Aufgabe 1:

G 1969 – 1	**C** 1992 – 4	**B** 2017 – 7	**J** 2021 – 10
H 1979 – 2	**E** 1994 – 5	**F** 2018 – 8	
I 1981 – 3	**A** 2001 – 6	**D** 2018/19 – 9	

Über den Autor

Oliver Hust lebt in Kaiserslautern. Dort studierte er die Fächer Mathematik und Informatik für das Gymnasiallehramt. Schon zu seiner eigenen Schulzeit bemerkte er, wie wichtig es ist, junge Menschen für Themen der geschlechtlichen und sexuellen Vielfalt zu sensibilisieren. 2016 begann er deshalb neben seinem Studium die ehrenamtliche Tätigkeit als Referent beim queeren Bildungsprojekt *SCHLAU Rheinland-Pfalz*. 2018 wurde er Mitglied der Regional-koordination.

Als Jugendsprecher und Vorstandsmitglied des *lauterjungs und -mädels e. V.* lernte er unterschiedliche Facetten queerer Identität kennen. Vor allem die vielen Gespräche mit Jugendlichen zeigten, dass diese weitaus größere Sorgen hatten als Liebeskummer und schlechte Schulnoten.

Verlag an der Ruhr

Weitere Informationen und Blick ins Buch unter

www.verlagruhr.de

Keiner darf zurückbleiben

Lektüren für DaZ-Lerner

Zukunft & Beruf

Ein Lesebuch mit kurzen Geschichten für Jugendliche

12-16 J. | Niveaustufe B1 | 72 S. | 17 x 24 cm

Best.-Nr. 978-3-8346-3811-3

auch als PDF

DaZ lernen mit Bewegung

90 Spiele und Übungen zur Grammatik

Kl. 3-13 | Niveaustufen A1-B1 | 144 S. | 17 x 24 cm

Best.-Nr. 978-3-8346-3226-5

auch als PDF

Mein Material-Pool für alle Fälle

100 x Textverständnis

Kopiervorlagen mit Multiple-Choice-Aufgaben für die Sekundarstufe

Kl. 5-10 | 256 S. | A4

Best.-Nr. 978-3-8346-3721-5

auch als PDF

Klassenarbeiten all inclusive

Deutsch Klasse 5-10

fertig ausgearbeitet | mit Erwartungshorizont und Musterlösung | für alle schriftlichen Aufgabentypen

Kl. 5-10 | 272 S. | A4 | farbig

Best.-Nr. 978-3-8346-3925-7

Mein wunderschönes Leben

Taschenbuch

12-16 J. | 152 S. | 12 x 19 cm

Best.-Nr. 978-3-8346-3929-5

Passendes Unterrichtsmaterial finden Sie auf www.verlagruhr.de

K.L.A.R. reality – Taschenbuch

Aus Syrien geflüchtet

Ab 13 J. | 144 S. | 12 x 19 cm

Best.-Nr. 978-3-8346-3805-2

Passendes Unterrichtsmaterial finden Sie auf www.verlagruhr.de

K.L.A.R. – Taschenbuch

Online war er noch so süß!

Ab 12 J. | 96 S. | 12 x 19 cm

Best.-Nr. 978-3-8346-3922-6

Passendes Unterrichtsmaterial finden Sie auf www.verlagruhr.de

K.L.A.R. – Taschenbuch

Ich werde YouTube-Star!

Ab 12 J. | 112 S. | 12 x 19 cm

Best.-Nr. 978-3-8346-3543-3

Passendes Unterrichtsmaterial finden Sie auf www.verlagruhr.de

auch als PDF

Philosophische Geschichten für Kinder und Jugendliche

Kopiervorlagen mit Aufgaben und Frageimpulsen zum Nach- und Weiterdenken

Kl. 5-7 | 64 S. | A4 | Heft

Best.-Nr. 978-3-8346-3814-4

auch als PDF

Move ya!

Grammatikspiele mit Bewegung für den Englischunterricht

Kl. 5-8 | 96 S. | 17 x 24 cm

Best.-Nr. 978-3-8346-2399-7

auch als PDF

Das ist Hauswirtschaft!

DIY-Ideen, Sachinformationen und Kopiervorlagen zum Kochen, Wohnen und Gestalten in der Sek I

Kl. 5-10 | 128 S. | A4 | farbig

Best.-Nr. 978-3-8346-4049-9

auch als PDF

30 x 45 Minuten

Konflikten und Gewalt vorbeugen

Fertige Stundenbilder für Highlights zwischendurch

Kl. 5-10 | 120 S. | A4

Best.-Nr. 978-3-8346-3810-6

Verlag an der Ruhr

Weitere Informationen und Blick ins Buch unter

www.verlagruhr.de

Keiner darf zurückbleiben

Mehr Motivation und Abwechslung im Unterricht!

99 Methoden zur Schüleraktivierung

Download mit bearbeitbaren Vorlagen

Kl. 5-13 | 144 S. | 17 x 24 cm

Best.-Nr. 978-3-8346-2328-7

auch als PDF

Rund um den Förderschwerpunkt emotionale und soziale Entwicklung

Hintergrundinformationen – Fallbeispiele – Strategien

Kl. 1-10 | 136 S. | 17 x 24 cm

Best.-Nr. 978-3-8346-2614-1

111 Ideen für das 5. Schuljahr

Vom Kennenlernspiel bis zur richtigen Heftführung

Kl. 5 | 184 S. | 16 x 23 cm

Best.-Nr. 978-3-8346-0892-5

auch als PDF

Die Ideenkiste für störungsfreien Unterricht

Sofort umsetzbare Maßnahmen und Sanktionen mit nachhaltiger Wirkung

Kl. 5-10 | 192 S. | 17 x 24 cm

Best.-Nr. 978-3-8346-3726-0

Klassenlehrer in der Sekundarstufe I

Das Praxisbuch für einen anspruchsvollen Auftrag

Kl. 5-10 | 192 S. | 17 x 24 cm

Best.-Nr. 978-3-8346-3926-4

Download mit bearbeitbaren Vorlagen

auch als PDF

Lehrer coachen Schüler

Methoden und Arbeitsblätter zu Selbstreflexion, Persönlichkeitsentwicklung und positivem Denken

Kl. 5-10 | 88 S. | A4

Best.-Nr. 978-3-8346-2752-0

Der alltägliche Wahnsinn im Lehrerzimmer

Ein Mal- und Kritzelbuch zum (un-)sinnvollen Zeitvertreib für humorvolle Pädagogen

48 S. | 21 x 22 cm | Heft

Best.-Nr. 978-3-8346-3928-8

Praktische Helfer für LehrerInnen

Vorlagen für Unterrichtsorganisation und Methodenvielfalt

Sekundarstufe I

Kl. 5-10 | 40 S. | A4 | Heft

+ farbiges Kartenset (16 Blatt)

Best.-Nr. 978-3-8346-3817-5

Mein Schulalltag, meine Ideen und Ich

Raum für Listen, Inspirationen und kreative Pausen

64 S. | 17,5 x 18 cm | Flexcover | farbig

Best.-Nr. 978-3-8346-3233-3

Meine Motivationsbotschafter

Poster mit inspirierenden Sprüchen für Lehrerinnen und Lehrer

4 farbige Poster A4

Best.-Nr. 978-3-8346-4057-4

Meine Woche perfekt geplant

Ein Wochenblock zum Abreißen

Farbiger Abreißblock A4 | 50 Blatt

Best.-Nr. 978-3-8346-3796-3

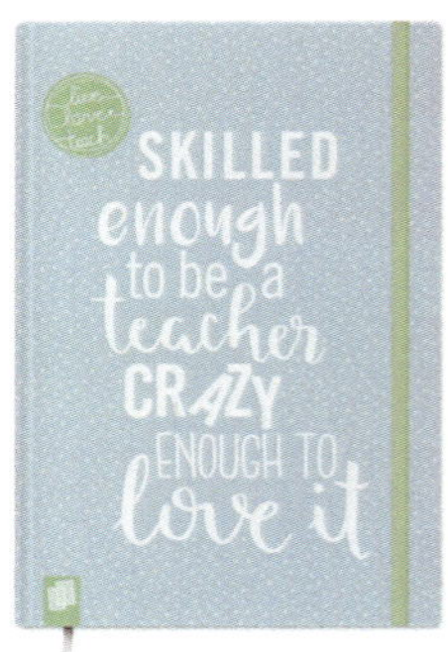

Das Notizbuch für Lehrerinnen und Lehrer

Blaue Edition

112 S. | A5 | Hardcover | Punkteraster | Perforation | Lesebändchen | Verschlussgummi | inkl. 16 grafisch gestalteten Seite[n]

Best.-Nr. 978-3-8346-3932-5